票票等值合理嗎？
民主選舉造就了
社會對話還是內耗？

參與公民社會必讀的民主基礎知識

票票等值合理嗎？
民主選舉造就了
社會對話還是內耗？
參與公民社會必讀的民主基礎知識

Is Democracy Failing?

A primer for the 21st century

作者◎尼赫爾・達桑迪 Niheer Dasandi
系列主編◎馬修・泰勒 Matthew Taylor
譯者◎王湘俐

目錄

Biſt Du mit der am 13. März

Wiedervereinigung

einverſtanden und ſtimmſt Du für

Ad.

前言

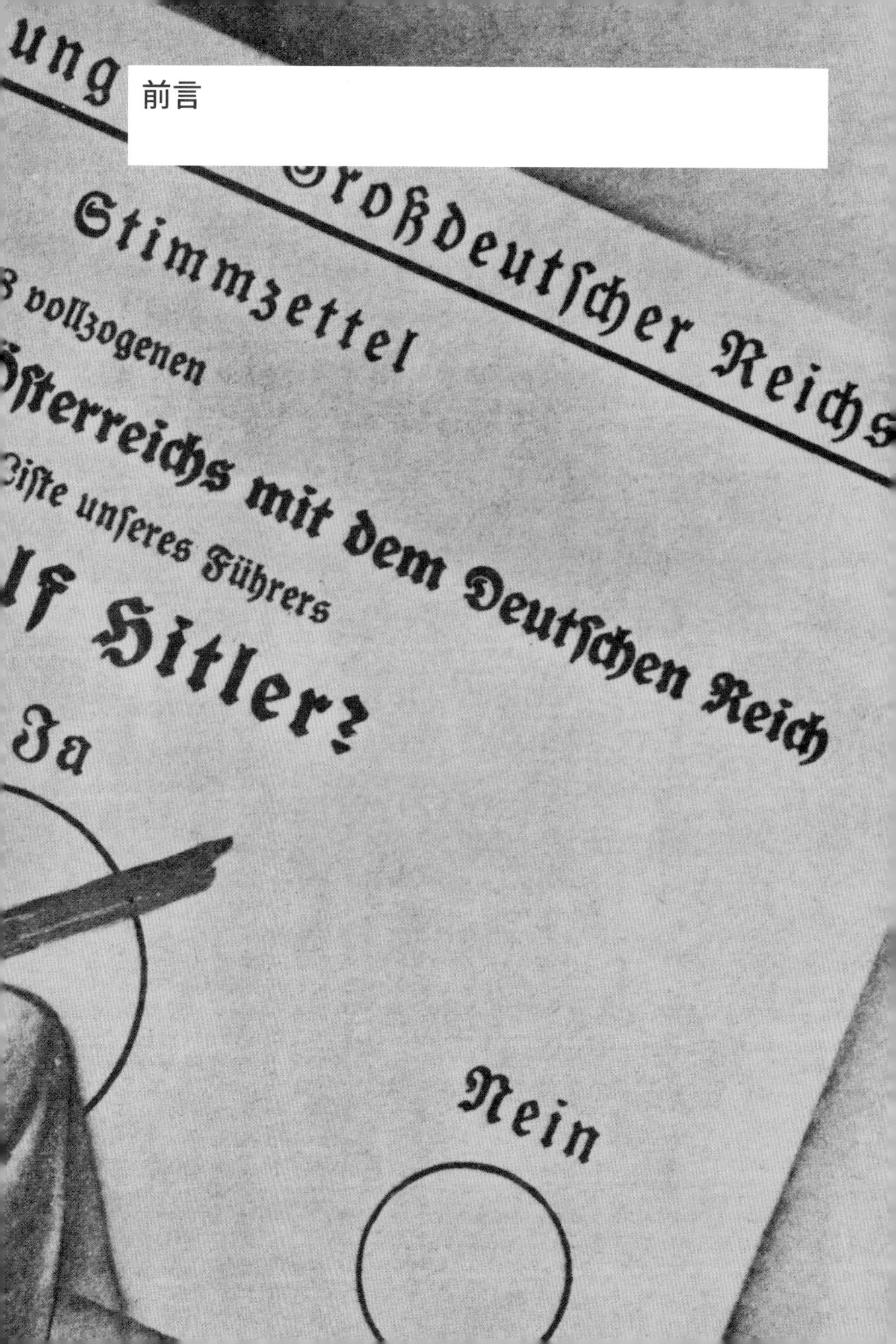
Stimmzettel
vollzogenen
mit dem Deutschen Reich
unseres Führers
Hitler?
Ja
Nein

A

B

A 1961年11月，東柏林的邊境守衛
　將鐵絲網加裝到當時新建的圍牆上。
　冷戰期間，柏林圍牆隔離了威權制的
　東方集團和民主制的西德——
　不僅是實質上，也是意識形態上的壁壘。

B 圖中是1961年的柏林圍牆。
　這道混凝土壁壘有守衛站哨，
　將柏林一分為二：東柏林和西柏林。
　1989年柏林圍牆倒塌，世界上不少人
　都認為是民主勝過其他政體的象徵。

C 20世紀下半葉，
　世界各地要求民主的呼聲有增無減。
　1989年，大批中國學生
　參與訴求民主的抗議運動，
　最後演變成部隊在北京天安門廣場
　向抗議人士開火的局面。
　照片中的示威者站在坦克車前方，
　阻止軍隊推進，
　是人民對抗威權統治的代表性影像之一。

「民主是否走不下去了？」
是當今世界面臨的一大問題。

問題的答案對我們每個人都影響深遠，
因為歷史上沒有一個政府體制能比民主
為人民帶來更多的自由、繁榮、和平與穩定。

自第二次世界大戰結束後，
全世界都將民主視為最具正當性的政治體制。
二十世紀下半葉，
全球各地也確實紛紛出現大型群眾運動，
訴求以民主政府取代獨裁政府，
讓人民能夠對治理社會的方式發表意見。

1989年柏林圍牆倒塌，
不少人將這個事件視作民主的勝利，
顯示民主治理優於其他政治體制。但才經過不到30年，
世界各地的民主現況似乎已岌岌可危。
不論是美國還是匈牙利，民主國家中
都看得到國族主義正在崛起，讓領導人得以步步進逼：
壓制政治反對派、扼殺言論自由和異議、抨擊新聞媒體、
限制公民社會組織、遏止司法獨立，並壓迫少數族群的權利。
簡而言之，他們希望可以瓦解構成民主基礎的政治制度。
特別值得注意的是，這些領導人之所以能上台掌權，
是由於人民普遍對民主政治感到不滿，
因此也令人愈來愈擔心民主正在逐漸衰落。
然而，針對近期的民主趨勢這種過於悲觀的看法，
也有許多人提出質疑。

政治制度泛指社會上管治政治行為
和政治互動的一套規則、
有組織的作法和共同的理解。

c

大多使人對民主景況感到憂慮的領導人，
例如美國總統唐納・川普（Donald Trump，生於1946年），
都是透過民主選舉上台執政。
縱觀全世界的歷史，現在是最多政治領袖
經由民主選舉來產生的時代。
舉例來說，過去幾年民主甚至開始在緬甸──
一個長久都與獨裁專政難以切割的國家──扎根。
既然如此，民主又怎麼可能會走向失敗？

對於民主的狀況所抱持的多種觀點，
通常是由於不同的人對民主的認知有所差異。
有鑑於此，如果要回答民主是否已經走不下去，
首先需要確立「民主」指的是什麼。

A

B

「民主」或許是政治學中最常使用，也最常被誤用的詞彙，
源自古希臘文「demokratia」一字——由「人民」(demo) 和「統治」(kraots)
衍伸而來，單純照字面上翻譯，就是「由人民統治」的意思。
而幾乎每一種對民主的詮釋，基本上都強調主權在民，或人民當權。
但由人民統治或以人民為最高權威究竟代表什麼意義？
要回答這個問題一點也不簡單，更何況有很多
極為不同的政治體制都宣稱是奠基於人民統治的理念。

> 幾乎每一位20世紀的獨裁者都曾表示自己獲得
> 「人民」的支持和授權。即使是北韓政府這麼極權的政權，
> 都自稱民主。事實上，北韓的官方全名是
> 朝鮮民主主義人民共和國，但在其國境之外，
> 幾乎沒有人會承認北韓在哪一方面是民主的。

A 翁山蘇姬在緬甸2015年選舉中獲勝，
顯示緬甸從殘暴的軍事獨裁政權轉型，邁向新興民主。
1990年，翁山蘇姬雖然贏得大選，但軍事政權
拒絕承認選舉結果，將她軟禁多年。然而她在勝利之後，
卻被批評無能處理羅興亞人所遭受的迫害。
B 北韓是世界上最後的極權專政之一。
北韓政府由強大軍隊支持，控制公民生活的各個方面。

極權主義是一種獨裁的政體，
權力非常集中，要求人民
對國家徹底順從。極權政權
控制人民生活的一切。

這也正凸顯了我們在討論
民主的成功和失敗時
所面對的主要問題：民主一詞
從根本上就充滿爭議。

民主雖然是眾多研究領域的主題，
對於怎樣定義民主最好卻幾乎沒有一致的共識。
對有的人來說，民主指的僅僅是舉行選舉以選擇政府。
另一些人則更廣義將民主視為善治，或當成一種原則或理想。
也不乏相信民主指的是一套特定政治制度的人。

美國政治科學家賴瑞·戴蒙（Larry Diamond）
將民主定義為由四個基本要素組成的
政治體制：透過自由和公平的選舉替換、
選擇政府，並藉此進行權力的競爭；

A   **賴瑞·戴蒙**（Larry Diamond，
生於1951年）在史丹佛大學
任社會學和政治科學教授，
是民主研究領域的權威學者。

A 1863年，美國總統亞伯拉罕·林肯
（Abraham Lincoln）在蓋茨堡演說結尾對於
「為民所有、為民所治、為民所享的政府」
的描述，是民主最廣為引用的定義之一。
B 這張照片攝於蓋茨堡，就在林肯發表
美國史上極具影響力的演說不久後。
蓋茨堡演說將美國內戰稱作爭取「人人平等」
和代議民主而展開的奮鬥。

B

人民以公民身分
積極參與政治和公民生活；
每一位公民都享有基本人權的保障；
在法治之下，法律和司法程序
平等地適用於所有公民。

這四項要素由多種政治制度所支持，
例如政黨、選舉、憲法、
新聞自由、司法獨立等。

在本書稍後的章節，
我們將逐一探究這些民主體制的要素，
以及各種不同的政治制度。

不過，很多人不認同戴蒙所下的定義。
有的人認為，強調保障個人權利會使人
對民主和自由式民主兩者產生混淆，
而自由式民主只是民主的其中一種（見第1章）。
儘管如此，本書仍有充分理由採用戴蒙的定義。

第一，只有當我們不再認為民主僅止於選舉及獲得
社會大多數支持的政府，民主是否失敗的問題才能成立。
我們會害怕民主無法維繫下去，是基於了解到民主
包含了法治、個人權利、獨立的公民社會，
以及與戴蒙的四項要素相關的其他各種制度。
第二，對於民主是最有效政體的主張，
只適用於擁有上述政治制度的政府。
第三，歷史上有很多政治體制，不僅得到大眾支持，
甚至舉行選舉，卻幾乎沒有人——
包括不贊同戴蒙德定義的人——認為能稱得上民主。

A

A 英國倫敦的西敏宮
是國會上議院和下議院
召開會議的地方。國會
在英國民主的幾個方面
扮演重要角色，
包括立法、向政府進行問責，
以及辯論國家
所面對的主要議題。

B 2014年10月，
在香港警察使用催淚氣體
驅離抗議者的一個月後，
數以萬計的市民回到
抗議的主要場地撐起雨傘。
雨傘革命是因支持民主
而產生的運動，
以此回應中國政府
限制香港投票的決定。

B

本書將對民主是否失敗的主題，提出幾個主要論點。
首先，運作良好的民主需要的遠不止選舉，
更得確保民主體制的各個部分都發揮了作用。
第二，民主正面臨重大挑戰，特別是利用民眾支持
來削弱民主的基本要素，如法治；以及不斷加劇的經濟不平等。
對民主體制的所有構成部分都有更深的了解，
並決心持續深化和調整民主程序，才能夠處理這些問題。
第三，民主在它的歷史中也面臨過上述挑戰。

我們將會看到，民主的發展
既複雜又得來不易，惟有在
經歷極大的掙扎後，才克服得了挫敗。

1. 民主的發展進程

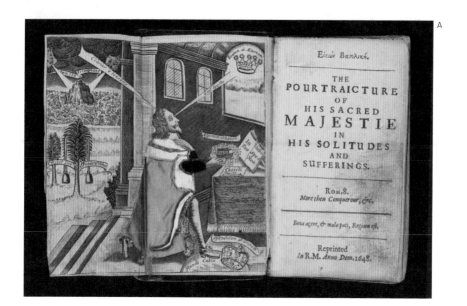

從最早有狩獵、採集社群開始，
社會就已經面臨如何遏止和控制暴力的問題。
這些早期的狩獵採集群體往往規模較小，
因此透過自發性的協議就足以維持秩序。
不過隨著社會規模與複雜度增加，
要透過自發性集體行動達到共同目標就益發困難。
此後，社會為了處理暴力的問題，通常會建立政治秩序，
將權力和經濟資源的控制權集中於少數菁英（如貴族制）
或個人（如君主制）手中，也讓少數人
以絕對的權力統治社會其他成員。
掌權者會去維持和平與秩序，這樣一來他們
才得以繼續享有取用經濟資源的特權，並從中獲益。

A《神聖陛下的肖像》（意譯，*Eikon Basilike*）的卷首插圖。
此書據稱由英格蘭國王查理一世所著，在他1649年被處決後不久出版，
為神聖君主制辯護，在當時廣受歡迎。
B 尚－李奧・傑洛姆的作品《在凡爾賽宮接待孔代親王》
（*Réception du Grand Condé à Versailles*）。法國的路易十四國王
相信神授君權來統治國家，並於在位期間（1643-1715）確立絕對君主統治。
隨著社會規模逐漸擴大，權力通常也集中在這些君主手中。

民主萌芽後，
權力因為大眾的參與
而分配到社會各界，
為先前的政治秩序帶來了改變。
這樣的變化正好符合
民主政體的基本原則：
也就是依據法治──
由人民直接統治，
或透過選出的民意代表間接統治。

不過民主並非以持續且一致的方式
擴散於全球各地，
在某些時代還曾經衰落，甚至消失。
現在我們視為與民主相關的各種制度，
其實都是在不同時期先後出現，
不僅如此，改變人民對民主認知的
新思維和做法也會對這些制度產生影響。

貴族制是政體的一種，
由少數享有特權的統治階級
掌權。這個詞彙源於古希臘，
在尚未採用民主制度以前，
有不少包括雅典在內的城邦
都由貴族治理。
貴族制有時也用來描述
持有小片土地的菁英，
這些地主同時掌握了
可觀的非正式權力，
例如瓜地馬拉和
宏都拉斯的情況。

君主制是政體的一種，
由一個人完全統治，
而他的地位則經由繼承而來。
19世紀以前大多數國家
都實施君主制，
包括亨利八世時期的英國，
還有路易十四統治的法國。
現在仍保留君主制的國家，
如英國和瑞典，
都傾向君主立憲制：
君主雖是一國元首，但只
擁有有限或象徵性的權力。
不過仍舊存在著君主握有
相當大政治權力的其他例子，
如列支敦斯登、
沙烏地阿拉伯和史瓦濟蘭。

B

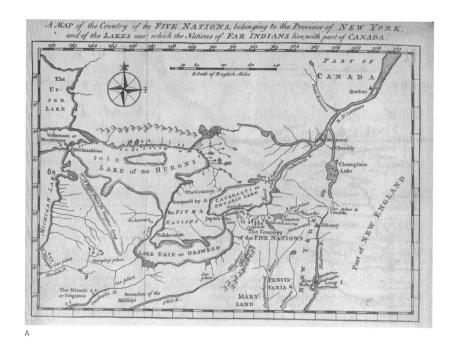

A

追根究柢，
民主的概念源自何處？

有別於普遍的想法，民主的起源並不一定是古希臘。
在歷史上不同時期，都可以發現
不少管治社會的原則，相當於我們現今
所認為的民主。尤其無論過去或現在，
在世界各地許多部落社會中，
決策過程都會經過社群成員的廣泛參與和商討，
例如美國原住民組成的伊羅奎聯盟 (Iroquois
Confederacy)，此聯盟體現了參與式民主的一種形式。

納爾遜・曼德拉（Nelson Mandela）曾經寫道，
他對民主的認識來自小時候觀察到的南非部落會議。
這些會議將社群中所有男人一概當作
平等的公民看待，期間每個人都有相同的機會
在討論中發言，不論身分地位。
會議所做的決策都奠基於共識之上。
曼德拉認為這是民主最純粹的形式，
不過他本人也提到，女人卻不得參與這些會議。
（本章稍後會討論將女性排除在民主政治之外的問題。）

伊羅奎聯盟是由六個美國
原住民部落或民族組成的同盟：
摩和克、奧奈達、奧農達加、
塞內卡，以及後來加入的
塔斯卡羅拉。這些不同的
部落在1142年組成聯盟。

參與式民主是指社會上
對民主的廣泛參與：
所有公民都會參與影響自己
生活的政治決策和方針制定。
參與式民主有各種形式，
包括直接民主制（見後頁）。

納爾遜・曼德拉（1918-2013）
是反種族隔離的社會運動者，
遭種族隔離政權監禁達27年。
他出獄後，在1994年成為南非
首任由民主選舉產生的總統，
也是該國首位黑人總統，
於1999年卸任。

A 此地圖可追溯至1747年，畫的是伊羅奎部落當時的
　領土範圍。伊羅奎實行一種參與式民主，
　部落成員會參與決策過程。不少人相信美國的
　聯邦民主制是受到伊羅奎聯盟所啟發。
B 身處約翰尼斯堡的納爾遜・曼德拉，攝於他遭長期監禁於
　羅本島之前。曼德拉是20世紀舉足輕重的民主領袖，
　他在1994年南非選舉中的勝利，
　為南非在種族隔離後轉型為民主國家的標誌。

B

A 1941 年 4 月，德國軍隊在民主的誕生地：
希臘衛城（Acropolis）升起卐字旗。
一個月後，兩名學生在希臘抵抗納粹占領
的首波行動中將旗幟扯下。

B 1980 年，英國首相瑪格麗特‧柴契爾夫人
（Margaret Thatcher）造訪衛城。衛城
是民主的普世象徵，當地不少建築都建於
公元前 5 世紀，亦即雅典民主的萌芽期。

C 切薩雷‧馬卡里（Cesare Maccari）所
創作的《西瑟羅譴責喀提林》（意譯，
Cicero Denounces Catiline，約繪於
1889 年）。在此畫中，羅馬演說家兼政治家
西瑟羅對元老院發表演說。羅馬共和國和
古希臘的直接民主約在同一時間出現，兩者
最重要的差別是羅馬共和國會選出代議士。

A   B

民主成為一套完整的政治制度並興起，
可追溯至公元前五世紀的雅典城邦，
及其他幾座希臘城市。經過一連串起義，
一代僭主遭剝奪政權，雅典人因而建立了
以直接民主為基礎的政體。所有雅典公民
都會參與公民大會的公開辯論，
也可以對立法和行政草案進行投票。
其他公共職位和職責委任則用抽籤決定，
這種機制會確保所有公民都有同等的獲選機會。

不過，當時只有自由人擁有公民身分，
女人和奴隸都不得參與政治。

直接民主是一種政體：公民由投票
或共識來決定法律和政策；
最初以政治制度的形式出現，
是在大約公元前 5 世紀的古希臘。
瑞士的政治制度部分採用了直接民主。

柏拉圖（約公年前 428-348 年）
是古代雅典的哲學家。一般會認為
他是哲學發展史上最重要的人物。
他的作品奠定了西方哲學和科學的基礎。

亞里斯多德（約公元前 384-322 年）
是古代雅典的哲學家和科學家，
他的著作對多個不同學科都有深遠影響，
包括物理學、生物學、形上學和倫理學。

共和制是由人民和民選代表掌權的政體，
也指國家是經選舉或委任產生總統——
而非由君主統治；並經常用來形容代議民主，
而非直接民主制，但這種區別
是從美國革命期間才開始出現。

對民主的批判同樣最早見於古代雅典，並為現今
反對民主的理據埋下了伏筆。柏拉圖（Plato）是其中最著名的
批評者，認為民主鼓吹由愚民來統治有知識的人。
他指出民主會導致社會不是基於共同利益來做決定，
而是以輿論和衝動為依據，因此會造成混亂。他的學生
亞里斯多德（Aristotle）則與柏拉圖的看法有一些細微的差別，
亞里斯多德承認公民參與政治固然理想，
但民主需要設限，才能避免暴民政治。

> 差不多就在希臘民主萌芽的同一時期，義大利的羅馬城也出現了
> 民選政府。羅馬人稱當時的政治制度為共和或 *res publica*──
> 拉丁文中「公共事務」之意。共和制把國家看作公共事務，
> 而不是統治者的私人財產。執政者的權位也有別於君主制或貴族
> 政體，不能承襲，而須經由委任或選舉，才能擔任國家的公職。

最初只有貴族能擁有羅馬共和國的治理權，經過多方角力後，
一般人（平民）也終於進入了政府體制。有別於雅典，羅馬共和國
並不是採直接民主制，而是以選出民意代表的機制來當作基礎。針對人民
把政權授予政治領袖的方式，羅馬人也發展出一套複雜的法律架構。

C

馬其頓的腓力二世（Philip II）在公元前338年
率軍征服古雅典，羅馬則在公元前1世紀發生政治動盪，
民主因此受到鎮壓，繼而銷聲匿跡。雖然印度部分地區
（公元前6-4世紀）和伊朗（約公元前4世紀）
都曾出現自治政府，但這些都是個別案例，
而且存在的時間相對短暫。歐洲大多數國家
在中世紀發展出封建君主制，直到公元1100年，
威尼斯和佛羅倫斯等義大利城邦出現民選政府，
才再次可見與民主相似的政治制度。
俄羅斯大約在同一時間也出現有民主特徵的
諾夫哥羅共和國。不過上述這些共和政體
都在兩、三百年後由威權統治取而代之。

馬其頓的腓力二世
（約公元前
382-336年）
在公元前359年登基，
成為古希臘馬其頓
王國的國王，統治
到公元前336年
遭刺殺身亡為止。

封建主義（feudalism）
是中世紀歐洲（9-15世紀）
最主要的社會體系，以土地
和服務或勞力的交換為基礎。
君主會分封土地給貴族
（或領主），以此交換軍事上的
支持和稅金。附庸（vassal）
是貴族的土地承租人。
而居住在領主土地上的佃農
則以勞務和部分產收換取保護。

A 冰島的辛格維利爾國家公園
（Thingvellir National Park）
是露天議會「阿爾廷」的所在地，
會議一直持續召開至1798年為止。
B 挪威和瑞典的聯盟解體後，
瑞典國王奧斯卡二世在1905年
為國會開幕。
C 瑞典國會的上議院，各代表
由省議會和市議會投票選出。
省議會和市議會的成員則
透過公眾直選產生。

A

B

C

現代民主的主要特徵之一
是由民意代表所組成的國家議會，
部分權力則移交到民眾選出的地方政府。
這種政治制度的結合起源自歐洲北部，
如英國、斯堪地那維亞、荷蘭、瑞士等地。
但要歷經數個世紀後，
這些制度才發展成我們現在所認識的民主制。

公元 900 年，斯堪地那維亞的維京人發展出一種
所謂「庭」(Ting) 的地方集會形式，自由人可以在集會上
解決糾紛、討論並制定法律，以及進行其他重大決策。
冰島則是在約公元 930 年建立國家集會：「阿爾庭」(Althing)，
這是世界上歷史最悠久的持續舉行的議會。
在荷蘭和法蘭德斯 (Flanders)，商業、金融和製造業
促成了城市中產階級興起。中產階級擁有可觀的經濟資源，
統治者要利用這些財富，便會需要中產階級的合作，
因此要和來自不同城鎮的新興階級代表召開會議。

民主兩個最根本的
組成要素是法治
和對個人權利的保障。

因此，民主進程中其中一項重要的發展便是約束君主的絕對權力。於1214年草擬的《大憲章》(Magna Carta)就正式對英格蘭國王的權力加以限制。

最初《大憲章》只是約翰王（1166-1216）為了與一眾叛亂男爵議和所訂下的條約，允諾給予男爵保護：男爵不得在沒有法律依據下被監禁，且可以迅速獲得公正的審判；至於國王則不得任意徵收封建賦稅。《大憲章》第39條說明：「凡自由民，除非經過同儕貴族合法判決或依正當程序審判，不得加以拘捕、監禁、沒收財產、剝奪法律保障、放逐，或以任何方式傷害之。」此條文確保《大憲章》約束國王的專制王權，由此也確立了法治，同時有助於讓個人的自由獲得保障——雖然最初只適用於貴族階級。

久而久之，君主權力也受到其他的制衡。英國內戰確立了君王不得在未經議會的同意下進行統治。這個原則在光榮革命和1689年制定《權利法案》時又更進一步——明定議會是至高無上的統治權威，法案中也列出公民的基本自由和權利。

A 這幅袖珍畫描繪的是第一次諸侯戰爭（1215-17年）。約翰王拒絕遵守《大憲章》，繼而引發與反叛男爵的戰爭。男爵當時獲得王子路易八世率領的法國軍隊所支持。

B《大憲章》的四份倖存複本之一。《大憲章》是最早確立法治和保障個人權利的文獻之一。

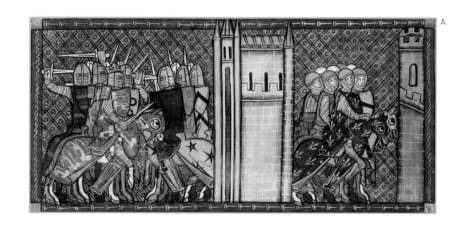

A

B

從16世紀開始，
政治的面貌不斷變化，
一些舉足輕重的思想家
也應運而生。他們力圖
了解人民和統治者之間
關係的本質。

一般認為義大利政治家馬基維利（Machiavelli）
是現代政治學的鼻祖。馬基維利主張
建立國家時，或在緊急情況下，
也許需要不擇手段的獨裁統治，
但若要維護國家安定，則應採權力分立的原則。
因此他認為共和制才是最佳的政體。
英國哲學家湯瑪斯・霍布斯（Thomas Hobbes）
在著作《利維坦》（1651年）中提出
人民和統治者之間的社會契約：
個人臣服於統治著的威權，
以換取生命財產安全的保證。
這樣的契約代表統治者的權力其實來自於人民。

英國內戰是1642至1651年間，
議會派（圓顱黨）和保王派
（騎士黨）支持者之間的
一系列衝突。議會派的勝利
短暫廢除了君主制——
先是由「英格蘭聯邦」
取而代之；接著又由護國公
奧立佛・克倫威爾統治。

光榮革命是1688年英國議會
議員和荷蘭省督威廉二世
推翻英格蘭國王詹姆士二世
的一場政變。
《權利法案》因此制定，
而威廉三世及其妻子瑪麗二世
隨後則成為英格蘭
聯合執政的君王。

尼可洛・馬基維利（Niccolò
Machiavelli，1469-1527）
是義大利歷史學家、政治家、
外交官、政治理論家和作家，
於佛羅倫斯共和國擔任高官。
《君王論》可能是馬基維利
最知名的作品，
是探討政治權力的經典之作。

獨裁是一種政體，
由個人掌握絕對權力，
而且一切決定均不受民眾掌控
或外部法律的限制。

湯瑪斯・霍布斯（1588-1679）
是英國哲學家，現代政治哲學
的其中一位奠定人。
霍布斯最有名的著作
是《利維坦》，
當中提出了社會契約論。

A

A 朱尼厄斯・布魯圖斯・斯特恩斯
（Junius Brutus Stearns）的
作品《制憲會議上的政治家華盛頓》
（*Washington as Statesman at
the Constitutional Convention*，
1856）。1787年，喬治・華盛頓
主持制憲會議，
最後制定了《美國憲法》。
B 尚－雅克・盧梭——
在瑞士出生的哲學家和作家，
是啟蒙運動的重要思想家，
影響了現代政治和教育思想。
C 約翰・洛克——
英國哲學家和醫師，
和盧梭一樣是很有影響力的
啟蒙運動思想家，他的著作
啟發了美國的革命家。

啟蒙運動或許是
民主發展歷程最重要的時期，
也是西方世界18世紀的主要思潮。
不少啟蒙時代的偉大哲學家，如尚－雅克・盧梭
（Jean-Jacques Rousseau，1712-78）、約翰・洛克
（John Locke，1632-1704）等人提出的概念，
都奠基了我們如今所理解的民主，例如自由、
權利、人民主權、憲政政府和分權與制衡原則等。

民主就是在這個時期和自由主義產生連結。
此外，民主各個不同的部分——民眾參與、權力競爭、
法治和個人權利等——也是在此時統合在一起。
啟蒙運動的理念對當時的政治思維有深刻的影響，
也啟發了美國革命和法國大革命。

1765至1783年美國革命期間，美國13個殖民地反抗英國統治，
爭取獨立。因為英國要對殖民地徵收新賦稅，而殖民地基於
「無代表、不納稅」的理由展開抗議。關鍵人物如湯瑪斯・潘恩
（Thomas Paine），呼籲美國人為獨立而戰，建立平等的體制。

啟蒙運動是一場
從17世紀中期開始，
並持續至18世紀的
知識和哲學運動，
中心思想是理性是權威
和正統的基礎。
這場運動掀起了
科學、哲學、社會
和政治方面的改革。

自由主義是政治哲學理論，
中心思想圍繞著法律之前
人人享有自由和平等，
並視提升個人自由
為政治的主要問題。

湯瑪斯·潘恩
（1737-1809）
是英格蘭裔的美籍
政治運動家、革命家、
哲學家和政治理論家，
也是美國開國元勛之一。
他出版的小書
對美國革命有莫大影響。

湯馬斯·傑弗遜
（1743-1826）
是美國開國元勛之一、
《獨立宣言》的主要作者
和美國第三任總統
（1801-09年）。

聯邦制是一種政治制度，
由強勢的國家（或中央）
政府與地方政府分享權力。

憲政民主指的是政權和
個人權利均寫入成文憲法，
或寫入一套法規和慣例
的民主社會。

在法國勢力的支持下，美國殖民地
戰勝了英國。開國元勛雖然討論過
新成立的國家是否應採直接民主制，
但因為擔心發生暴民政治和自我壓迫，
最後決定國家應採共和民主制
（或稱代議民主制）。
湯瑪斯·傑弗遜（Thomas Jefferson）
在《獨立宣言》（1776年）中
明確談及民主的概念，
例如：「人人生而平等」，
以及政府的權力來自
「被統治者的授權」。

這些原則構成了《美國憲法》的根基。
《美國憲法》於1789年獲得批准，
奠定美國的聯邦制憲政民主政體，
同時也建立了有民選之民意代表的立法機關，
雖然當時投票權只限於擁有資產的
白人新教徒。兩年後，
憲法新增了美國《權利法案》，
為個人自由和權利（包括新聞自由）
提供保障，也對政府的權力施以
顯著的限制，並確立清楚的分權。

B

C

A

1789年至1799年的法國大革命
是民主演進的另一個政治分水嶺。
當時的法國人民受到啟蒙思想的啟發，
也因國王徵收高額遞減稅感到氣憤，
於是起義反抗、推翻君主制，成立法蘭西共和國。
雖然革命本身並沒有為法國帶來民主
（而是拿破崙・波拿巴〔Napoléon Bonaparte〕
的獨裁統治），但還是將民主的理想和原則
引進了歐洲。

1789年，法國國民制憲議會通過
《人權和公民權宣言》，
對確立人權保障來說相當重要。法國大革命期間，
男性公民在1792年獲得普遍選舉權，
而奴隸制也在1792年廢除，雖然幾年後
這兩項政策又再次遭到撤回。

大約與此同時，數量可觀的民主本質的討論和辯論紛紛出現。
其中，法國歷史學家阿勒克西・德・托克維爾（Alexis de Tocqueville）
稱得上是最重要的思想家，他的著作《民主在美國》
（*Democracy in America*，1835 年）是分析民主最重要的研究之一。
托克維爾將民主和自由加以區分，指出民主為多數決原則；
自由則是個人的選擇和言論的自由。
托克維爾警告，「多數人的暴政」會侵犯到行使個人自由的權利。
他也認為要在民主中推動自由，
多元主義（或群體的多元利益）就不可或缺。
托克維爾還強調民主文化的重要性，
社會需要具備可促進民主的風俗、道德、法則和常規。

縱然民主的理論闡釋多不勝數，民主依然將許多人拒於門外。

拿破崙・波拿巴
（1769-1821）
是法國軍事和政治領袖，
在法國大革命期間崛起，
1804 年至 1814 年擔任
法國皇帝，率領法國在
多次軍事行動中取得勝利，
被視為歷史上首屈一指
的軍事指揮官。

《人權和公民權宣言》
是法國國民制憲議會於
1789 年 8 月通過的憲章，
其中共有 17 條，
闡釋了個人權利，
並主張人民主權的原則。
此宣言是人權史上
舉足輕重的文件。

阿勒克西・德・托克維爾
（1805-59）是法國外交官、
政治學家和歷史學家。
他的著作被認為是
對民主最早且最具影響力的
研究分析。托克維爾在
七月王朝（1830-48 年）和
第二共和（1849-51）期間
也積極參與法蘭西政治。

A 賈克－路易・大衛的（Jacques-
　Louis David）的《網球場宣言》
　（1790-94）描繪了法國大革命
　開端時的關鍵事件。第三級會議
　的成員聚集在凡爾賽的網球場，
　起誓在成文憲法制定前絕不解散。

B 1915 年 1 月，龐丘・比利亞
　（Pancho Villa）和埃米利亞諾・
　薩帕塔（Emiliano Zapata）
　在墨西哥市的總統府會面。
　墨西哥在 20 世紀初迎來革命。
　墨西哥革命（1910-20 年）
　就如法國大革命並未帶來民主，
　不過卻將憲法引入墨西哥，
　為數十年後才到來的民主鋪路。

B

A

投票權在大多數地方都只限於社會上的
菁英分子享有。19世紀，
由於工業革命和日益加劇的社會動盪，
大多西方社會的投票權都歷經了巨大變化。
舉例來說，在英國、法國、德國、瑞典和美國，
可以投票的人在比例上都有逐漸上升的趨勢，
基於階級、財富、資產擁有權和所在地的
投票限制也慢慢廢除了。

這是因為工業革命促使權力和影響力重心
從鄉間轉移至城市中心，削弱了貴族地主的勢力。
新的中產階級因而誕生，控制了工商業界（例如工廠和煤礦），
並要求政府中也應有他們的政治代表。

工業革命同時導致重大的人口變化——
勞動力紛紛遷移到市鎮和城市。

工人不僅往往得承受工廠的苛刻條件，
還要忍耐貧民窟艱苦的生活環境。
工人階級間開始散播政治理念，
加上他們意識到工廠少了他們就會停擺，
於是也開始要求更多的政治權益。
此外，受到革命的威脅，菁英分子也實施政治改革，
將選舉權（投票權）擴大。

工業革命由18世紀持續到19世紀，歐洲和美國社會都在這段期間出現巨大變化——過往以鄉村和農業為主的社會變成由工業和都市主導。工業革命的核心是運用機器所帶來的全新生產程序，這樣的轉型造成平均收入和人口遽增，幅度前所未見，影響人民生活中幾乎每個層面。

A 圖中是1848年4月在英國倫敦肯寧頓舉行的惠章運動集會。惠章運動是一場工人階級要求政治改革的運動，包括爭取男性普選權。運動獲得廣大群眾的支持，卻以失敗作結。直到數十年後，改革才終於得以推行。

B 位於英格蘭布拉福的史密斯羊毛精梳廠（Smith's Woolcombing Works）。工業革命期間，如下圖中的工人移居城市，以便到工廠中工作，他們往往會面對各種嚴苛的條件。這些人變得愈來愈具政治意識，也就是會要求享有更多的政治權益。

B

A

一般會認為，民主在20世紀初的
美國和西歐大部分地區已發展成熟。
不過事實上，英國在1914年仍只有
30%的20歲以上成年人可以投票；
婦女更是在本書目前提到的任何
「民主」制度中都沒有投票權。

以現在的標準來看，此數字可說
遠遠不及任何能視為民主制度的
最低門檻。在英國，只有達到
一定收入水準的男性才能投票。
20世紀初，全球大多數國家的女性
都沒有投票權。甚至應該說前述
所有國家的女性統統禁止投票。

艾米琳・潘克斯特
(1858-1928)
是政治運動家和英國
婦女參政運動的領袖，
在為英國女性爭取投票權
一事上扮演重要角色，
也被普遍認為是20世紀
的重要人物之一。

無政府主義以政治和
經濟平等的信念為基礎，
是一種認為所有政府機構
都應廢除的意識形態，
而且要在不使用武力的
情況下，依據自願合作
的關係來組織社會。

19世紀末到20世紀初的各個女權運動中，其中一項訴求是爭取婦女選舉權。1893年，紐西蘭成為第一個賦予女性投票權的國家；而芬蘭則在1907年將選舉權推及婦女，是第一個女性可以投票的歐洲國家。英國的婦女參政運動者由艾米琳‧潘克斯特（Emmeline Pankhurst，1858-1928）所帶領，採取日趨激進的方式爭取女性投票權：包括把自己鎖到欄杆上、破壞財產和縱火。1900年到1914年間，大約英國有1000名婦女參政運動者入獄。直到第一次世界大戰結束後，英國和美國才分別在1918年和1920年開始允許婦女投票。

19、20世紀之交，各種政治的意識形態抬頭，分別提出挑戰自由民主制的異見，例如無政府主義、共產主義和法西斯主義。這三種意識型態都否定代議民主。

共產主義是一種政治的意識型態，相信社會的建立是基於生產工具公有制，以及消弭社會階級、金錢和國家政府，共產主義將階級鬥爭視為達到此目標的手段。

法西斯主義是一種政治的意識形態，主張獨裁領袖、單一的集體身分，以及透過動員社會整體以應對外部威脅。法西斯主義力求獨裁政權、強而有力地鎮壓反對意見，以及控制整體經濟。

A 倫敦婦女參政運動者遊行，約攝於1912年。經過漫長的政治抗爭，婦女參政運動者終於在第一次世界大戰後為英國女性爭取到投票權。

B 此圖攝於1976年的印度國會。左方的西麗瑪沃‧班達拉納克（Sirimavo Bandaranaike）在1960年成為錫蘭（現名斯里蘭卡）總理，是世界上第一位獲選為最高政府領導人的女性。六年後，右方的英迪拉‧甘地（Indira Gandhi）當選印度總理，成為世上第二位女性最高政府領導人。

A

共產主義和無政府主義都認為，自由民主制所代表的是資本統治階級的利益。

對卡爾‧馬克思（Karl Marx）等
共產主義者來說，政府的存在本身必
導致一個社會階級支配著其他社會階級。
因此，馬克思相信勞工階級應該統治
其他所有階級（無產階級專政），
直到沒有階級分化的社會實現為止。
無政府主義者認為，不論政府是否民主，
都是主要的壓迫來源。反觀法西斯主義者，
他們之所以否定民主，則基於此信念：
需要一黨專政的政府來徹底動員社會，
才能保護國家不受威脅。

卡爾‧馬克思（1818-83）
是普魯士出生的哲學家、
經濟學家、政治理論家和
革命社會主義者，受到
普遍認定為人類歷史上
最具影響力人物之一。
他的著作著重於探討
人類社會如何在階級鬥爭
的過程中發展。其思想
統稱為馬克思主義，
對共產主義和社會主義
都有極大影響。

20世紀初，歐洲曾出現幾個共產主義和法西斯主義政府。俄羅斯1917年的革命結束了沙皇的專政統治，由弗拉迪米爾‧列寧（Vladimir Lenin）領導的共產政府所取代。1929年，美國華爾街股災對經濟造成巨大衝擊，更促使法西斯主義在歐洲和南美洲興起。以阿道夫‧希特勒（Adolf Hitler）為首的納粹黨於1933年成為德國執政黨，繼而鞏固了義大利貝尼托‧墨索里尼（Benito Mussolini）的法西斯政權。

弗拉迪米爾‧列寧
（1870–1924）
是俄羅斯和蘇聯從1918年至1924年的領導人，也是共產主義革命家、政治家和政治理論家。列寧領導俄羅斯的布爾什維克（Bolshevik）革命，建立一黨制社會主義國家。

阿道夫‧希特勒（1889–1945）
是德國政治家、納粹黨主席，以及1934年至1945年的德國元首。希特勒是世界歷史上惡名昭彰的獨裁者，統治手段殘暴高壓，並負責策畫納粹大屠殺。

貝尼托‧墨索里尼（1883–1945）
是義大利政治家、國家法西斯黨主席，以及1922年至1943年的義大利元首。他在1922年至1925年擔任總理期間，將義大利轉變成法西斯獨裁政權。

A 1919年5月，列寧在紅場（Red Square）對軍隊發表談話。列寧反對代議民主，他將這樣的體制描述為「受壓迫的人每隔幾年獲得允許，可決定哪個特定的壓迫階級將在議會上代表並壓制自己。」
B 希特勒、墨索里尼和義大利元帥魯道夫‧格拉齊亞尼（Rodolfo Graziani）於1941年8月進攻蘇聯期間到訪東方戰線總部。

B

1936年至1939年的西班牙內戰被廣泛視為民主和法西斯主義之間的衝突。西班牙共和政府聯同共產主義和無政府主義陣營，對抗佛朗哥將軍（General Franco）率領的民族主義勢力。共和政府最後不敵希特勒和墨索里尼支持的民族主義勢力，令西班牙落入獨裁政權，一直延續到1975年為止。

在第二次世界大戰期間，法西斯主義和民主陣營之間的交戰更升級到全球規模。不過同盟國最後戰勝納粹德國、法西斯義大利和帝國主義的日本，原本大行其道的法西斯主義政體因此式微。

A

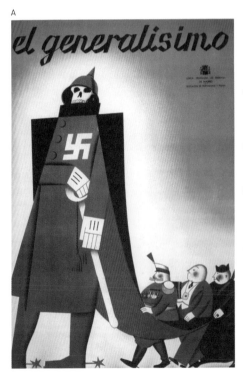

A 西班牙內戰期間，英國國家勞工委員會
（The British National Council of Labour）
的海報鼓吹大眾應爭取民主，海報上
可看到與卍字符號為伍的佛朗哥將軍。
B 西班牙內戰初期走在街道上的男女民兵，
攝於1936年7月。這場內戰被視為
民主和法西斯主義的衝突。
C 佛朗哥的民族主義軍隊獲得德國和義大利
戰機支援，在格尼卡（Guernica）等地
攻擊平民。這張海報呼籲應在
西班牙內戰期間對西班牙人伸出援手。
D 這張西班牙內戰的國族主義海報呼籲人民
「提起槍桿捍衛祖國」。佛朗哥將軍的
部隊在1939年擊敗了民主的西班牙
共和政府、共產主義和無政府主義陣營。
E 這張西班牙內戰海報是民族主義派的
政治宣傳，上面所印有標語，意思是
「西班牙，你自由了」。民族主義勢力的
勝利導致西班牙落入獨裁政權手中，
直到1975年為止。

B

生於德國的政治理論家漢娜・鄂蘭(Hannah Arendt,1907–75)在她所著的
《極權主義的起源》(*The Origins of Totalitarianism*)一書中解釋,
共產主義和法西斯主義與過去數個世紀的暴政有所不同:這兩者
都是極權制度,企圖控制社會生活的每一個層面;卻和民主制度一樣,
以民眾的支持為基礎。共產主義和法西斯主義的意識形態為世界上
各種複雜和困難的問題提供了簡單的答案,並以此吸引大眾。

> 在民主體制與共產主義和法西斯主義
> 的極權體制之間,最主要的差異是:
> 民主強調選擇、多元化,
> 以及對政府和個人權利的限制。

C

D

E

A

第二次世界大戰後的一項重要發展是1948年《世界人權宣言》
（Universal Declaration of Human Rights, UDHR）的簽署。
《世界人權宣言》沒有明確聚焦在民主制度上，
而力圖在納粹大屠殺的恐怖暴行後，更廣泛地促進人權。
雖然如此，此宣言卻將民主確立為最支持人權保障的政治制度。

《世界人權宣言》訂定民主原則不受侵犯，其中以第21條第3項尤為顯著：「人民
意志應為政府權力之基礎；人民意志應以定期且真實之選舉表現之，其選舉必須
普及而平等，並當以不記名投票或相等之自由投票程序為之。」《世界人權宣言》
雖然沒有法律約束力，但可能是國際上簽訂的聲明中最具影響力的一份，且經常
用來宣揚民主權利，以及向違反這些權利的政府施壓。

第二次世界大戰結束也推動了去殖民的過程，
帶來民主制度全球化。民主遍及世界各地，
包括一些數十年、甚至多個世紀以來受外國勢力威權高壓
統治的地區。人民自決的民主理念在非洲、亞洲
和加勒比海的各個國家催生出民族解放運動，
各個殖民地隨後紛紛脫離歐洲統治而獨立。

聖雄甘地（Mahatma Gandhi）、
夸梅·恩克魯瑪（Kwame
Nkrumah）、弗朗茲·法農
（Frantz Fanon）等人啟發
並領導民族解放運動。
這些領袖當中，不少都曾
負笈歐洲，親眼見證殖民體系
的虛偽和內在的種族主義：
這些歐洲國家享有民主，卻要
殖民地的人民受獨裁管治。

莫罕達斯·甘地（Mohandas 'Mahatma' Gandhi, 1869-1948），受尊稱為「聖雄」，是律師、哲學家和印度獨立運動領袖。這場運動以群眾為基礎，使印度得以脫離英國獨立。

夸梅·恩克魯瑪（1909-1972）是迦納首任總理和總統，創立「人民大會黨」，帶領迦納於1957年獨立。恩克魯瑪極力主張泛非洲主義，是「非洲統一組織」（Organisation of African Unity）的創始成員。

弗朗茲·法農（1925-1961）是生於馬提尼克的精神病學家、哲學家、革命家和作家。他的作品主要關注殖民主義和解殖的結果，啟發多個民族解放運動。

A 外交官菲利普·傑賽普（P.C. Jessup），以及《世界人權宣言》
　的主要起草者之一──美國第一夫人愛蓮娜·羅斯福參與
　1948年在巴黎舉行的聯合國會議。《世界人權宣言》可稱得上
　現存最重要的國際協議，保障了世界各地人民的根本權利。
B 肯特公爵夫人（Duchess of Kent）出席1957年的迦納
　獨立儀式。迦納是撒哈拉以南非洲第一個取得獨立的國家，
　引發整個非洲大陸開始去殖民化的過程。

B

A

印度獨立運動由甘地、賈瓦哈拉爾·尼赫魯（Jawaharlal Nehru）和其他主要人物領導，以群眾參與為基礎，採取非暴力抵抗和公民不服從的策略。這場運動的淵源與1857年印度士兵起義對抗英國統治有關。

甘地1915年從南非回國後，原本的起義演變為一場運動，以大眾支持和非暴力抗爭為基礎。印度的獨立鬥爭包括多個重要事件：1919年，英國軍隊在阿木里查（Amritsar）屠殺手無寸鐵的示威群眾；1930年，甘地領導食鹽長征，抗議鹽稅相關法規（人民不得銷售或生產食鹽，否則即屬違法）；還有1937年對英國貨品的抵制。1947年8月，印度終於成功獨立，採用議會制，實行普遍選舉，從此成為世界上最大的民主國家。

B

雖然第二次世界大戰後發生大規模
去殖民化，但早在之前就已經有殖民地
追求自決的顯著前例，美國就是其中之一，
而海地的解放鬥爭也極為重要。海地革命
（1791-1804年）由杜桑‧盧維杜爾
（Toussaint L'Ouverture）所領導，殖民地的
奴隸不僅推翻奴隸主，更打敗拿破崙
派來擊潰革命勢力的法國軍隊。
海地成為第一個黑人共和國，
也是當時西半球的第二個共和國。

A 1942年發生於印度孟買的「退出印度」
　遊行。五年後，印度終於成功
　脫離英國統治，贏得獨立地位，
　從此成為世界上最大的民主國家。
　這場運動以群眾參與為基礎，
　啟發了全球的公民運動。

B 1930年5月，聖雄甘地的祕書向
　大批群眾發表演說。經過公民不服從
　騷亂和遊行，以及在甘地被捕後，
　抵制英國貨的動議獲得通過。
　抵制是運動中一項關鍵策略。

C 這幅人像畫（約1870年）是喬治‧
　德巴普提斯特（George DeBaptiste）
　的作品，畫中人是前黑奴杜桑‧盧維杜爾。
　盧維杜爾領導了海地革命——
　唯一成功建立國家的一場奴隸反抗運動。

C

賈瓦哈拉爾‧尼赫魯（1889-1964）
是印度獨立運動的領袖之一，
1947年至1964年出任印度首位總理，
被廣泛視為現代印度民族國家的締造者。

杜桑‧盧維杜爾（1743-1803）
是海地的革命領袖。海地革命終結奴隸制，
促使海地獨立建國。盧維杜爾在軍事和政治方面
的專長被認為是海地得以建立共和政體的關鍵。

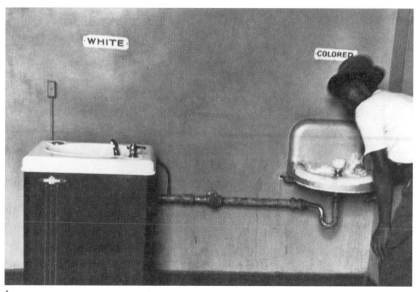

A

在民主政體中，殖民主義並不是種族主義侵蝕個人權利的唯一途徑。

20世紀上半葉，多個民主國家的少數族裔都無法享有基本公民權和政治權。以美國為例，一直到1965年——非裔美國人民權運動的高峰時刻——《選舉法案》（Voting Rights Act）通過後，原住民和非裔美國人才全面在全國各地享有投票權。

澳洲也一樣，直到1965年才賦予原住民在全國境內的全面投票權。不過在此之後很長一段時間，不少民主政體依然持續執行歧視性的政策。不僅少數族裔曾面對這樣的差別待遇，在20世紀很大一段時間內，多數民主國家的性少數族群都要面對各種不平等政策。其中一個例子是同性戀在1982年前部分英國地區為非法行為；在美國某些地方甚至到2003年仍屬違法。

B

非裔美國人民權運動泛指1950
到60年代美國的社會運動，
旨在結束種族隔離和對
非裔美國人的歧視，
同時確保他們的公民權和
政治權利受到保護。
這場運動偕同國會制定出
重要的法規，推翻社會上
種種歧視性的規則。

A 這張照片攝於1950年美國北卡羅來納州，
是種族隔離政策其中一個例子。美國在19世紀
末推行吉姆・克勞法（Jim Crow laws），
將非裔美國人與白人隔離開來。像這樣的標示牌
就曾用來指示美國的非白人可以合法飲食、行走
和休息的地方。美國當時禁止非裔美國人和
其他的非白人族群投票。這樣的種族歧視
嚴重違反基本人權，也破壞了民主的運作。

B 1963年8月，民權運動領袖馬丁・路德・金恩
（Martin Luther King）在「向華盛頓進軍」集會期間
向支持者揮手。金恩表示遊行是「美國史上最偉大
的自由示威活動」。非裔美國人民權運動所訴求的
是不論膚色的平等公民權，最後成功
在1960年代結束了美國的種族隔離。

殖民主義告終，
加上非裔美國人民權運動與同志權運動，
都有助確立人人享有
基本公民權和政治權利的原則，
不論性別、種族、宗教或性取向為何。

法蘭西斯‧福山
是美國政治科學家和作家,
書寫大量關於政治秩序
的著作,最廣為人知的是
《歷史之終結與最後一人》
(*The End of History and
the Last Man*,1992)。

A   B

柏林圍牆在1989年倒下,
標誌著冷戰結束。冷戰期間,
西方陣營的自由民主價值
與蘇維埃領導的獨裁共產東方集團相互對峙,
然而我們將在本書第3章了解到,
雙方為了自己的政治和經濟利益,
其實都不介意在開發中國家破壞民主價值。

蘇聯的衰亡
導致全球劇變。

美國政治科學家法蘭西斯‧福山(Francis Fukuyama,
生於1952年)更指蘇聯的瓦解代表自由民主
戰勝其他意識形態和政體,使東歐出現
民主化浪潮,因此象徵「歷史的終結」。

東德、波蘭和捷克斯洛伐克等國家的社會運動
對於推動民主轉型而言非常重要。

而在拉丁美洲爆發
大規模的民主運動後，
軍事政權也由民主方式
選出的政府所取代。

A 1988年，波蘭「團結工聯」（Solidarity）領導人萊赫·華勒沙在格但斯克（Gdańsk）的列寧造船廠對罷工的工人發表演說。1980年，獨立工會「團結工聯」就是在這座造船廠成立，並逐漸衍生出廣泛的社會運動，促使共產統治走向尾聲。

B 華勒沙於1989年對華沙大學的學生發表演說。團結工聯採取公民抗命的方式推動社會改革，政府卻以鎮壓來回應。不過，波蘭還是在1989年舉行了半自由的選舉，組成以團結工聯為首的聯合政府，而華勒沙則當選總統。

C 玻利維亞的一場社會運動轉化為「爭取社會主義運動（Movement for Socialism，MAS）」政黨，也促成埃沃·莫拉萊斯（Evo Morales）在2006年當選玻利維亞總統。莫拉萊斯是首位原住民背景出身的總統。

C

A

美國政治科學家<mark>山繆・杭亭頓</mark>（Samuel Huntington）將這些轉變稱為「第三波」民主化。
自1970年代中期西班牙和葡萄牙的民主化開始，民主就擴散到拉丁美洲、東歐和多個非洲國家。導致這一波轉型背後有許多因素，例如在極權政體下的經濟表現惡劣，於是統治逐漸失去合法性；另外，民主化進程的重要性也愈來愈受全球認可。

A 1994年南非選舉期間，黑人居住區索維托（Soweto）投票站外排隊等候的人龍蜿蜒。當年220萬的多數南非公民首次投票，也是該國第一次所有種族都可參與投票。
B 這幾張相片可見埃及解放廣場情緒激昂的示威者。2010年中東地區爆發了要求民主化的「阿拉伯之春」革命。雖然示威抗議迫使多位高壓獨裁領袖下台，但最後新的專制政權卻乘勢崛起，更導致大規模暴力衝突。

山繆・杭亭頓（1927-2008）是美國的政治科學家和顧問，著作主要關於政治發展、國際關係和比較政府。杭亭頓職涯的多數時間都在哈佛大學，最有名的著作為《文明衝突與世界秩序的重建》（*The Clash of Civilizations and the Remaking of the World Order*，1996）。

民主在1990年代繼續蔓延，
結束了南非的種族隔離政策，
納爾遜·曼德拉也在此時期當選總統。

21世紀之初，
民主已遍及世界每一個地區。
像中國和中東地區的專制國家也傳出
群眾運動要求民主化的呼聲，
然而當權者通常都會使用暴力鎮壓，
以圖繼續維持少數人掌權的局面。

B

2. 民主的運作方式

A

B

民主政府的核心原則
是主權在民。

換句話說，人民就是國家的最高權威，
而民選代表需要向人民負責——
這就是民主和其他政體之間最大的不同。

不過除此之外，世界上現行民主制
的各類型之間有很大的差異。
因此我們應提出的重要問題是：
民主體系有什麼共通特徵？
構成民主的各個不同部分
又是怎麼有助於公民生活的改善？

C

D

A 參與投票者的徽章。
　投票在民主國家是公民的
　主要權利和義務。
B 支持歐盟的徽章。
　在民主體制下，人民可以
　自由表達政見。
C 歐巴馬2008年總統競選
　活動的徽章。政治宣傳活動
　是民主國家的基本特徵。
D 綠黨的徽章。
　人民在民主國家可以
　選擇持有不同政見。

要回答這些問題，我們得先回到
本書前言中賴瑞・戴蒙的
四項民主關鍵要素。這四項要素
都由種類廣泛的政治制度所支持。
雖然在不同脈絡下，
特定政治制度或許不太一樣，
但基本上所有民主政體
都有這四項基本要素。

民主體系的首項基本要素是
必須有名副其實的權力競爭。
確保權力競爭存在的主要方式
是舉辦自由、公平的選舉，
讓人民選出他們的政府和其他代表。

選舉是民主重要的一環。

紧跟伟大领袖毛主席奋勇前进！

A

ВЫБЕРЕМ
ДОСТОЙНЫХ!

B

在民主國家，有選舉權的公民如果對
實施的政策感到不滿，或認為有其他更好的人選，
都可以藉由投票讓現任政府下台。
而專制獨裁國家的公民則沒有這個選項。
因此，即使中國領導人毛澤東推動大躍進
力圖改革國家，卻引發災難，
人民也不能投票罷免他。

> 選舉在民主政治中固然
> 至關重要，但各國選舉的
> 具體規則和程序都不相同。

箇中差異會在很大程度上，
決定了一個國家採行的治理方式。
舉例來說，不同的民主制度各自
會有選出政府最高領導人的方式。

A 1969年的中國共產黨海報。像毛主席這樣的非民選領袖
　幾乎不必對公眾負責。
B 蘇聯的投票海報。獨裁國家雖然也舉辦選舉，
　但一般來說公民並沒有具實質意義的選擇。
C 冷戰期間兩位重要獨裁領導人——古巴的斐代爾・卡斯楚
　（Fidel Castro）和蘇聯的尼基塔・赫魯雪夫
　（Nikita Khrushchev）的海報。
D 約翰・F.甘迺迪（John F. Kennedy）的競選海報。
　甘迺迪在1960年的大選擊敗理察・尼克森（Richard Nixon），
　於1961年就任總統。

毛澤東（1893-1976）
是中國共產黨革命家和
中華人民共和國的建立者，
從共產黨1949年成立起，
即擔任黨主席到他1976年
逝世為止。

大躍進是1958年和1962年
之間共產黨在中國推行的
經濟和社會倡議行動，
目標是透過工業化和集體化，
迅速將中國從農業社會改造
成工業化的社會主義國家。
然而最後卻帶來饑荒和
數以千萬計的人死亡。

總統制是基於共和主義的
一種民主形式，由政府首長
領導不同於立法部門
（負責制定法律）
且分開運作的行政部門
（負責執行和實施法律）。
在美國許多地區、南美洲
和非洲都採用這套系統。

C   D

在總統制國家,例如美國,
政府的最高領導人(總統)是經由公民直接投票選出。
不過,像英國等議會制國家,公民通常是投票選出
在立法機關中可代表當地(選區)的人。
而後,贏得最多席次的政黨會組成政府,
再決定由誰來擔任政府領導人(總理)。

> 票數的比重在決定各國政府的組成方式上,
> 其實也有不同之處。

有些國家採用比例代表制的
投票制度:選民投票給不同的政黨,
而政黨所獲得的票數將按比例
轉換為他們在政府中的代表席位。
有些國家則採領先者當選的
投票制度:選民投票給選區中的
個別候選人,贏得大多數選區的政黨
(或聯合政黨)將能獲選進入政府;
而落敗的政黨通常在政府中
都沒有代表席位。
比例代表制的好處在於能夠反映出
投給當選人的選票,而領先者
當選制度則能取得較明確的結果。

議會制是一種民主形式。
在這個制度下,立法部門
直接或間接輔佐行政部門,
也就是說,由議會來制定和執行法律。
政府首長(總理)通常與國家元首
有所區別,為澳洲、加拿大、
印度和英國所採用的制度。

比例代表制是一種選舉制度,
選出的組織按比例反映出全體選民
的意願。換句話說,一個政黨的得票
將轉換為可配得的席位,
因此政府的組成是由全部的選票來決定。
南美洲和歐洲都採用比例代表制。

A

單是選舉本身並不足以保證貨真價實的權力競爭。
很多非民主國家都有選舉，
例如中國在政府的不同層級均會舉辦選舉，
不過參與選舉的候選人卻是由中國共產黨所決定，
也就是說選民實際上的選擇是受限的。

因此民主體制的核心原則之一，
是選舉必須自由、公正。所有
社會上的成年公民都可登記成為選民，
同時能夠自由且不記名地投票給
心目中的政治候選人，而無須感到恐懼、
也不受任何形式的脅迫。
此外，登記參選的政黨和候選人都有
同等的競選權利，可以舉行遊行和集會，
也可以透過政治宣傳活動吸引選票。

公平選舉的意思是，選舉結果
會準確反映出人民的投票取向。

A 達宣達斯（Mahant Bharatdas
　Darshandas）是印度古加拉特邦
　（Gujarat）吉爾森林（Gir forest）
　中的唯一選民。印度的選舉規則載明，
　不應讓選民距離投票站超過2公里，
　因此每次投票工作團隊都會跋涉
　35公里，確保達宣達斯能在巴尼吉
　（Banej）透過硬紙板搭建的
　臨時投票站投票。

B 2004年邁阿密的群眾在「不投票，
　死路一條」的集會上觀看台上的尚恩‧
　「吹牛老爹」‧庫姆斯（Sean 'P Diddy'
　Combs）。「不投票死路一條」
　宣傳活動獲得不少名人支持，
　目的是要激勵美國年輕人參與投票。

但在很多專制獨裁國家，
舉辦選舉只是為了鞏固政權
統治的合理性。政府常派出
維安組織關押或騷擾
政治反對派；政黨頻頻遭到
禁止或阻撓舉辦宣傳活動；
選舉會受到操縱以確保
執政黨獲勝。這種選舉
既不自由也不公平，
因為只有當權的政黨有實質機會
贏得選舉，進入政府執政。

B

A

政黨是民主制度中
不可或缺的組織。

不同黨派透過在選舉中的競爭，
能夠確保公民得以選擇治理者
和治理公民的方式。由於政黨代表了
各種不同的政治意識形態和立場，
因此這些選項的存在有助於保障
社會的多元性。有的黨派傾向
社會主義；有的偏重自由主義
或保守主義；也有的以
環境保護為首要訴求。
至於與執政黨對立的反對黨，
向政府問責時便能發揮重要作用。

A 2013年5月，俾路支民族黨
（Balochistan National Party，BNP）
的支持者在奎塔縣（Quetta）的
抗議期間呼喊口號。雖然暴力
和不正當行為成為巴基斯坦
標誌性選舉中的污點，但高投票率
仍然是國家邁向民主的正面指標。
B 民主的基本原則是任何人都能競逐
民選代表的席位。英國的
「嚎叫薩奇勳爵」（Screaming Lord
Sutch）就實現了這項原則。
他是「官方怪獸狂歡發瘋黨」的
創黨人，已參加超過40次選舉。

B

民主制度的第二個關鍵要素是
人民需積極參與政治和公民生活，
這對於推動阿勒克西·德·托克維爾
所指的民主文化非常重要（見第1章）。
所謂的積極參與，代表公民肩負以下責任：
關心公共事務、了解政府如何使用權力，
以及對各種議題表達個人意見和傾向。

正如先前所述，最為重要的公民責任之一
是參與投票。公民需要徹底明白不同政黨
和候選人的政見和政策立場，
並根據這樣的理解來投票，民主才能有效運作。

A

B

公民必須掌握國家政治和政府政策相關的資訊，
才能夠在投票時知情地做出決定。

對多數人來說，要做到這一點就表示須閱讀報紙、
瀏覽新聞網站，以及收看電視新聞。因此，
民主制度不能缺少獨立運作——即不受政府控制——
的媒體。自由的新聞媒體會為大眾提供廣泛資訊，
包括國內議題、政府處理問題的做法、
大小政策可能帶來的影響等。
藉由提供這些資訊給閱聽人，
傳媒便有助於監督政府負起責任且運作透明。

在很多非民主國家，媒體和資訊的流通都受到嚴重掣肘。
根據民主監察組織自由之家（Freedom House）的資料，
全球在 2017 年仍有 45% 的國家沒有自由的媒體環境。
在這些國家，政府會完全控制或嚴格審查媒體。
而新聞自由排名最低的三個國家分別是
土庫曼、北韓和烏茲別克。

政治參與和公民生活在民主制度中，意義遠不止投票選舉。

人民應該要能加入任何政黨、競選公職，
並可以自由討論和辯論任何公共議題，也可以批評政府，
還要能就公共議題向政府和其他政治代表請願。
同時，民主社會應批准和平示威，以求帶動改變。
生活在民主國家的人，可能都曾經受過某個組織成員的邀請，
為特定目標或訴求捐款或連署，甚至自己就有發起連署的經驗。
這些組織都是公民社會的一部分，
而獨立的公民社會對民主的運作也同樣重要。

A 公民社會組織是民選代表和一般公眾之間的橋樑，
他們舉辦的活動包含了提高公眾意識的宣傳行動。
這張國際特赦組織的圖片就是其中一例，
目的是要呼籲停止招募和雇用童兵。

B 公民參與政治及和平示威是民主的主要面向之一。
公民社會組織，如國際特赦組織，
經常力求民眾的參與，並動員公眾
對政治議題採取行動，例如保障人權。

C 公民社會團體經常會利用公眾諮詢會議，
來知會、同時影響政府的政策。這張照片是
緬甸2017年的「公眾參與環境影響評估指引草案
之國家諮詢會議」中所進行的公眾諮詢程序。

自由之家成立於1941年，
是總部位在美國的非政府組織，
從事研究工作，也推動民主、
政治自由和人權。自由之家的
年度報告被視為評定世界各國
民主和人權狀況的權威指標。

審查制度指政府或私人壓力團體
因內容不雅、政治上不受允許，
或構成安全的威脅，而對言論、
思想和其他資訊進行查禁。

C

公民社會運動通常能夠促成民主化。

不過，公民社會的角色並不止於推動民主。

一個自由、活躍的公民社會在民主社會中扮演至關重要的角色，

其中一個主要功能便是影響政策制定，並讓公民了解政策內容為何。

公民社會組織囊括形形色色的問題和價值觀，

代表了各行各業和工會的利益，

而工會則會設法促進特定產業的勞工權益。

公民社會組織也代表著各種宗教觀點和政治見解。

因此，公民社會其實就和政黨一樣，

有助於確保社會上的不同意見都得到承認和尊重。

公民社會最主要的功能 之一是確保個人基本權利 獲得改善和保障。

這也表示要保障特定族群的權利，

例如婦孺、少數民族和性少數群體。

A

B

民主制度的第三個關鍵要素
是個人權利的保障，其中多項
都載於本書第1章提過的《世界人權宣言》中，
包括信仰權、言論和結社自由、
自由進出自己的國家以及在國內移動的自由，
另外還有個人宗教活動與文化習俗的實踐自由——
就算是少數族群權利也應受保障。
此外，批評政府和對政府進行抗議
也屬於基本權利，
即使國家大多數人民都支持政府，
但只要公民和平行使這些權利，
同時不侵犯他人的權利，政府就不得加以剝奪。

這或許是戴蒙提出的民主定義中
最有爭議性的一項要素。
不過，個人的權利受保障與否，
往往是民主和非民主制度之間最顯著的分野。
在許多專制國家，
諸如言論自由這樣的個人權利
都受到了嚴格的限制。
甚至像本書這種討論政治、批評政府的出版品，
在不少獨裁國家都會遭到審查，甚至禁止發行。

保障個人權利對民主體制中
其他部分的運作也非常重要。
公民要投下有意義的一票，
就得要能查閱資訊，
而且能自由交換意見才行。
人民必須能對不同議題自由表達意見、
加入政黨或公民社會組織，
以及參與和平的抗議，
才能夠參與政治和公民生活。

A

B

雖然所有民主國家都認為某些基本權利——如言論自由——
不可或缺，但不同國家對於其他權利是否同樣重要，
則沒有共識，而且各國有各自的權衡。舉例來說，
有的民主國家，例如歐盟的成員國就認為死刑違反人權，
但另一些包括美國（部分地區）或印度在內的民主國家則不然。
至於經濟權利，如糧食供給和醫療照護，
在不少民主國家所受到的關注和保障往往相對較少。

A 2015年12月1日發行的《國際紐約時報》。
  左邊是未經審查的版本，右邊的則遭到
  泰國政府移除有關泰國經濟問題的報導。
  原本刊登這篇報導的位置由編輯部的
  訊息所取代，指出該舉措與報社無關。
B 倫敦海德公園自1860年代開始就有公眾
  辯論的活動。共產黨國會議員沙普爾吉‧
  沙克拉法拉（Shapurji Saklatvala）
  在演說者之角向群眾演講，要求釋放
  1933年德國國會縱火案的嫌疑犯。
C 1993年，演說者之角的講者站在牛奶箱上
  對群眾演講，箱上貼有提倡自由發表言論
  的文字。言論自由是民主的基石。

C

民主制度第四個關鍵要素是必須要有法治。
民主國家的政治領袖和政府都一定要
依照協議好的法律來管治國家，
不得違反或規避這些法律。
民主是奠基於法治之上的制度，
和君主或獨裁政體不同，
不能任由統治者武斷、妄為地做決定。
法治的重要性在於限制政府權力，
維持社會秩序，以及保障個人權利。

制約與平衡指的是一種政府運行的原則，
各部門——立法、行政和司法——
分別都有權力可抗衡其他部門。
制衡原則的特定形式在不同國家和體制下也有分別。
在美國的總統制下，制約與平衡機制包括
（行政部門中的）總統可以宣告
立法或司法部門所制定的法律違反憲法，
並進行否決。制衡原則可確保
沒有任何一個政府部門
擁有過大的權力。

法律之前
人人平等

制衡個人和
政府的權力運用

緘默權　無罪推定　公正審判和
司法獨立

集會權利　透過正式
法律程序
實現的民主　獲得
司法公正
的權利　言論／
新聞自由

A

A 法治可用一套原則的位階分層來看。
最頂端的是法律之前人人平等。
往下一層是對個人和政府權力
的制衡原則。接下來是面臨
被捕和羈押問題時的原則，
包括保持緘默的權利、
無罪推定，以及接受公平
審判的權利。最底層則是
對法治至關重要的個人權利，
如言論自由。
B 2014年義大利國內最高法院
會議。最高法院通常是一國的
法律制度中最高等的司法機構，
對維護民主制度中的法治原則
發揮重要作用。

B

法治代表所有公民在法律之前都會獲得平等的對待，
不能以人種、族裔、性別或宗教為由而歧視任何人。
政府不得任意逮捕或拘留公民。
在被羈押的情況下，
人民有權知道自己受到什麼樣的指控，
也有權得到公正的法庭公平、公開的審判。

憲政民主制度下，
法治一般是以三大政府機構的權力
分立為基礎：
制定法律的立法部門、
執行或實施法律的行政部門，
以及確保法律受到遵守的司法部門。
如此一來，政府的每個部門
就能互相制約與平衡。

A 1954年，在公民布朗與托匹卡市
學務委員會相互訴訟一案中，
美國最高法院裁定：分別設立
黑人和白人兒童公立學校的國家
法律違憲。這是非裔美國人民權
運動中極為重要的判決，同時
也有助結束美國的種族隔離政策。

B 1974年8月8日的《紐約郵報》
號外頭版，宣布美國總統
理查・尼克森因水門案引咎辭職。

C 英國新聞主播大衛・弗羅斯特
（David Frost）於1977年4月
訪問美國前總統尼克森的照片。
尼克森曾宣稱：「如果做的人是
總統，那就不違法」，此一惡名昭彰
的言論完全與法治背道而馳。

A

獨立司法機關是民主制度中最重要的機構之一。
司法部門是指法院系統，
負責確保政府的一舉一動都依照法治來行事，
也負責調解國家和個人之間的糾紛。
要在民主國家中促進並保障大大小小的權利，
獨立司法機關更是不可或缺。

法治會限制民主國家的政府權力。
在民主政體下，所有人──
國家元首也不例外──都必須服從法律。
違反法律的國家領導人通常會被
革除職務。美國在1970年代發生的
水門事件醜聞就是眾所皆知的例子，
時任總統的理查・尼克森（Richard Nixon）
面臨彈劾訴訟，因此於任內辭職。

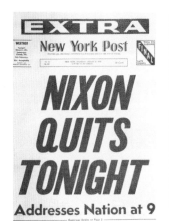

水門事件是美國1970年代初的一樁政治醜聞，該事件與民主黨全國委員會總部在水門綜合大廈遭到入侵有關，當時的總統尼克森試圖掩蓋他與此事的關聯，導致憲政危機。經過調查，當局發現此案涉及多次濫用權力，不僅尼克森被迫辭職，多名政府幕僚也遭到起訴。

理查‧尼克森（1913-94年）於1969年至1974年任美國總統。尼克森於1972年的選舉以懸殊票數大敗喬治‧麥戈文（George McGovern）。不久後，水門案醜聞的細節開始浮上檯面。其後，尼克森在1974年辭去總統一職，成為美國史上第一位辭職的總統。

B

民主體制用來限制政府權力的方法各有差異。美國施行的總統制中包含了制衡機制，以此大幅約束行政權力：權力為總統和國會所共享，並往下分散到各州及地方政府，而司法部門則可基於憲政理由撤銷法律。至於英國則採取議會制，相較之下，制約與平衡的效果要弱得多。既不存在成文憲法，也沒有聯邦制度，領先者當選的選舉制度直至最近都有以下傾向：政府通常有相對強勢的國會多數黨，立法因而更容易通過。

C

民主真的是從古到今
最有效的制度嗎？
民主體制各個部分又是如何
共同運作，建立有效的政府？
而人民生活在民主國家，
又受益於哪些主要的好處呢？

A 這張照片攝於1945年5月的奧地利埃本塞（Ebensee）——
　納粹最大的其中一座集中營所在地。衣不蔽體的倖存者
　瘦骨嶙峋。納粹政權在種族滅絕中屠殺了600萬名猶太人。
B 在1975年至1979年之間，柬埔寨金邊的吐斯廉（Tuol Sleng）
　監獄有數以千計的人被殘暴的紅色高棉政權禁錮。
　在柬埔寨大屠殺期間，約有150萬到300萬人遭殺害。

A

民主最重要的優點是：
相較於其他任一種政體，
民主制賦予人民更多的自由。
這是由於民主政府仰賴公民的持續支持，
因此能以此約束領導人的權力，
從而避免出現暴政。
就定義上來說，
民主比獨裁政體更尊重人民的基本人權。

這也表示民主制度可防止
某些由獨裁政體衍生出的暴行，
例如納粹政權的猶太人大屠殺。

B

在極權的獨裁政體下，人民不只在政治和政府的領域
沒有任何發言機會，甚至連公共和私人生活的方方面面
（包括經濟、教育、藝術、科學和倫理道德）都受到
這些政權的控制。在希特勒治下的德國、史達林（Stalin）
的蘇聯和現代的北韓都可見到上述情況。其中較荒謬
的例子發生在薩帕爾穆拉特‧尼亞佐夫（Saparmurat Niyazov）
執政下的土庫曼斯坦：這位總統下令以自己
和家人的名字來命名每個月和一週當中的各天。

除了極端的個案以外，公民在民主體制下
仍比在非民主制度中享有較多的個人自由，
不但可以公開批評政府，也可以選擇吸收、
取得資訊的來源，還能自行決定要相信什麼、與誰往來。

約瑟夫‧史達林（1879-1953）
是蘇維埃的革命分子和領袖，
從1920年代中開始，便以獨裁者之姿
統治蘇聯，直到1953年逝世為止。
史達林在第二次世界大戰期間領導蘇聯，
對於戰勝德國一事有關鍵影響力。
史達林的統治離不開極權主義、
廣泛的政治迫害和屠殺。

薩帕爾穆拉特‧尼亞佐夫（1940-2006）
從1990年國家獨立開始，
直到他於2006年逝世為止，
都擔任土庫曼斯坦總統。
此前，尼亞佐夫是蘇聯土庫曼共產黨的
第一書記。世人多認為他是世界上
最極權、專制的獨裁者之一。

A

B

C

D 土庫曼斯坦（Turkmenistan）
的薩帕爾穆拉特·尼亞佐夫
以各種手段樹立個人崇拜，
包括打造自己的金色雕像、
禁止芭蕾和歌劇表演、
禁止男性收聽車內電台廣播、
禁止年輕男性留鬍子或長髮。
一般多認為尼亞佐夫
也是最嚴重違反人權的人。

D

簡單來說，民主制度賦予個人更多機會，得以用心目中理想的方式來生活。

民主也與公民較繁榮的生活有關係。
世界上最富裕的國家都傾向採行民主制，
但究竟是民主帶來較佳的經濟發展，
抑或是經濟發展促進了民主，則有待商榷。

A 法蘭茲·卡夫卡（Franz Kafka）的《審判》（*The Trial*，於1925年出版）
是關於一名男子因不明控罪而被捕的故事，此書批判極權與官僚相互結合的政治體系。
B 阿道斯·赫胥黎（Aldous Huxley）的《美麗新世界》（*Brave New World*，於1932年出版）
是一部反烏托邦小說，描繪未來由暴政管制的「世界國」
是如何透過洗腦使人人順從當權者，並乖乖就範。
C 喬治·歐威爾（George Orwell）的《一九八四》（*1984*，於1949年出版）
描述一個虛構世界中的未來，政府透過無所不在的監控迫害任何行為中有個人主義思想者。

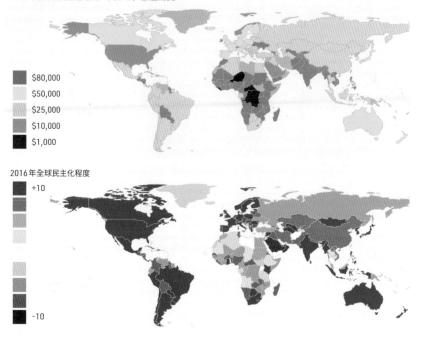

2016年全球國內生產毛額／單位人力（按當期價）

$80,000
$50,000
$25,000
$10,000
$1,000

2016年全球民主化程度

+10

-10

A 上方是2016年全球各地人均國內生產
毛額（GDP）以世界地圖來呈現的圖資，
從中可見與下方2016年全球民主化程度
地圖的重疊性非常高。下圖的民主化程度
是以Polity IV資料庫的指數來計算：
-10表示最不民主；+10表示最民主。
有些人相信國內生產毛額與民主程度
有正相關，理由是較富有國家有
最好的條件維繫民主體制，另一些人
則認為是因為有民主經濟才得以成長。

B 位於剛果民主共和國戈巴多萊
（Gbadolite）、曾是蒙博托奢華行宮
的廢墟。蒙博托是腐敗獨裁者的典型：
生前濫用國家資源致富，
大多數國民卻要忍受赤貧的生活條件。

C 揮霍數百萬元興建的戈巴多萊宮殿
和國際機場——在蒙博托1997年
被迫逃離他的國家後，這兩處
遭掠奪一空。廢棄的建築成為
極權統治下肆意妄為的象徵。

話雖如此，幾位影響力十足的經濟學家，
包括諾貝爾獎得主道格拉斯・諾斯（Douglas North）都認為
國家經濟發展最主要的因素取決於政治體制。
具體而言，制度較民主的國家和獨裁政體相比，
經濟成長更為持續、穩定，
而民主在多方面都有助於經濟的持續發展。

嚴重的貪污舞弊往往損害經濟發展，而由於民主制會約束政治菁英的權力，因此可避免弊案發生。

腐敗的獨裁者恣意竊取國家財產，再據為己用的例子多不勝數。最惡名昭彰的，或許要屬前薩伊共和國（現在的剛果民主共和國）的軍事統治者蒙博托·塞塞·塞科（Mobutu Sese Seko）。此人私吞多達15億美元的國有財後，搭上協和號飛機到巴黎瘋狂購物，罔顧大多數薩伊人都生活在赤貧中。民主國家的制度能促進政治當責和透明度，遏止這種濫用權力的行徑。

在民主國家，法治以及對個人權利的保障都會確保財產權受到保護，不少人視之為經濟成長的決定性因素。
財產權安全無虞就表示人民可以透過投資獲利，也能靠付出努力來賺取收入，並進一步鼓勵更多投資、促進競爭。
此外，民主對個人權利的保障和資訊的自由流通也有助刺激創意和企業發展，帶動經濟蓬勃。
簡單來說，資本主義在民主制度下最能夠生生不息，繼而促進經濟繁榮。

B

C

道格拉斯·諾斯（1920-2015）
是美國經濟學家和制度經濟的先驅。
他將經濟原理和定量方法應用在
經濟史的研究上，藉以理解
經濟和制度的變化走向，
並因而獲得1993年諾貝爾經濟學獎。

蒙博托·塞塞·塞科（1930-97）
是軍事獨裁者，從1965年至1997年
任剛果民主共和國（但國號
被蒙博托改為薩伊）總統。
他受比利時軍隊支持發動政變上台。
蒙博托是典型的獨裁者，
樹立極為專制的統治和個人崇拜，
並累積龐大的個人財富。

公共財是個人可以消費的服務或財貨，且消費的同時不因此減少他人使用的機會，也不會將任何人排除在外。公共財惠及整個社會，而並非只針對個人。

阿馬蒂亞・森（生於1933年）是印度經濟學家和哲學家，現為哈佛大學托馬斯・W.拉蒙特（Thomas W. Lamont）校級教授。由於在福利經濟領域有所貢獻，他贏得1998年諾貝爾經濟學獎。

海爾・塞拉西一世（1892-1975）是衣索比亞1930年至1974年的國王，以絕對權力治國，最後在1974年政變中遭到推翻。

除此以外，民主也確保政府會更有動機提供公共財，如國防和乾淨的空氣；將定義推及更廣的範圍，則還會包括教育和執法。此外，政府也較會實施能提升整體社會福祉的政策。要是做不到這一點，下次選舉就可能落敗。這也表示，民主國家通常比非民主國家有更高的公共財支出。

> 媒體和公民社會組織確保議題
> 受到大眾關注，有助於促進政府當責。

到底是民主促進經濟成長，還是經濟成長帶來了民主？各方意見紛紜，但一般都同意民主可避免經濟發展的最壞情況。世界上最貧窮的那些國家，無一例外──均不是民主國家。

A

A 1973年，衣索比亞發生嚴重饑荒，國王海爾・塞拉西一世（Haile Selassie）卻試圖掩蓋事實，而不針對問題的採取對策。由於國家缺乏新聞自由，很多人因此不得而知這場慘絕人寰的饑荒情形。英國電視台的新聞主播喬納森・丁布林比（Jonathan Dimbleby）和他的團隊設法進入衣索比亞，製作了一齣名為《不為人知的饑荒》（The Unknown Famine）的紀錄片，將此事公諸於世，從衣索比亞乃至於世界各地的人才了解真相。新聞報導引起國內動亂和抗議，最後導致塞拉西一世政權垮台。不過到了1980年代，在另一個取代他的專制政權下，衣索比亞又再度發生饑荒。反觀已確立的民主國家都不曾經歷這類饑荒。

B 1984年，衣索比亞因戰爭而糧食短缺，造成許多兒童挨餓受饑。約有100萬人死於這場饑荒，政府卻幾乎沒有應對措施。這樣的饑荒之所以不會出現在民主國家，其中一個原因是政治領導人有強烈動機去防止這類危機發生。

B

事實上，實行民主制的國家從來沒有發生過饑荒——
這是諾貝爾經濟學獎得主阿馬蒂亞・森（Amartya Sen）
從饑荒研究中得出的關鍵結論。森指出，饑荒通常
發生於獨裁國家，例如1940年代受英國統治的孟加拉，
或是1950年代的中國（由大躍進所致）。
另一個在獨裁政權下著名的饑荒案例是發生在衣索比亞，
年代分別是國王海爾・塞拉西一世（Haile Selassie）掌權的
1970年代，以及德爾格（Derg）政權的1980年代。
這些饑荒是由於治理失敗導致食物分配嚴重不均，
而非國內糧食不足的關係。在民主國家，
政治領導人有強烈動機要杜絕此類危機，
再加上有新聞自由，便能確保饑荒的情況不會出現。

民主有幾個特徵有助於
避免國家內部的衝突，
同時使國內更和平、穩定。

A

A 1984年，法國總理法蘭索瓦・密特朗
（François Mitterrand）和德國總理海爾穆・
柯爾（Helmut Kohl）在法國杜奧蒙墓地會面。
法國和德國之間曾經歷長期衝突，
現在卻很難想像雙方會發動戰爭。很多人
將此歸因於兩國都是民主已確立的國家。

B 這個具政治意義的藝術品位於茅利塔尼亞
的諾克少，出自菲利波・明尼里（Filippo
Minelli）之手。2008年，明尼里將「民主」
漆上這艘廢棄船身，一週之後，茅利塔尼亞
軍方的將軍就發動政變，推翻由民主選舉
產生的總統阿卜杜拉希（Abdallahi）。

民主制度能讓社會中的
不同族群有機會參與政治，
也為他們提供申訴的管道，
如此便可降低這些族群
訴諸暴力以達目的之風險。
此外，民主也會促進掌權者當責、
確保政府會處理不同族群所關心的事項。
正如之前提過的，
民主的其中一個核心
是限制政府的權力，
也就表示政府無法輕易侵犯
社會各族群的權利，
因此這些族群較不會
武裝起義、對抗掌權者。

這一點可說明：有效運作的民主國家可成功避免落入種種
衝突困境，不像許多其他國家——如安哥拉（Angola）和
莫三比克（Mozambique）——經歷多次內戰，造成生靈塗炭。
對於發生過血腥內戰的國家——如幾內亞（Guinea）和
賴比瑞亞（Liberia）——過渡到民主政體有助於促進和平。

除了促進國家內部的和平，民主也與國際間的和平息息相關：
已確立的民主國家之間從未發生過戰爭。
這是國際關係研究中最重要的其中一項發現，
也成為支持民主和平論的理據。民主和平論出自
德國政治哲學家伊曼努爾・康德（Immanuel Kant）的著作。
康德認為如果各國都採共和國制，戰爭將會減少，
因為多數人不會為了自我防衛以外的原因投票贊成參戰。
因此，如果所有國家都行代議民主制，那就沒有國家會發動戰爭。

民主和平論的擁護者提出各種原因，
解釋民主國家為何不會對其他民主國家發動戰爭。
箇中道理包括領導人必須就戰爭帶來的損失
對投票的公眾負責。此外，民主國家不會
與另一個民主國家為敵，且會被人民問責的政府
較傾向以外交管道來解決緊張的局勢。

B

3. 民主受到的限制

民主的運作在實踐上
會受到相當大的限制。

部分原因是民主體制的各方各面其實都有
拉鋸和矛盾的情形。此外，多元的政治、
經濟和社會因素也都會影響民主的運作。
自從民主制出現以來，一直都有很多人
懷疑民主是否為最有效的政體，也有人質疑
民主跟其他體制之間到底存在多大程度的差異。

代議民主制中最主要的拉鋸狀況，
會顯現在公民與民選代表之間的關係。
人民雖然是民主國家的統治者，
實際上卻將權力委託給獲選的代議士，
由他們代為管治，且按理說
管治方式應符合人民的利益。

A 競選資金涉及到龐大的款項，
這種資金對民主政治造成的
影響引起大眾極大的關切。
在美國甚至引發名為「民主
之春」的抗議運動，期望可
終結巨額資金對政治的支配。
B 魯柏‧梅鐸（Rupert Murdoch）
等媒體大亨的政治影響力
令人愈來愈擔心民主日漸衰弱
的景況。2011年7月社運團體
「別駭我」（Hacked Off）
對外宣布成立當天，示威者
假扮的梅鐸兩手分別操控著
左邊的「大衛‧卡麥隆」和
右邊的「傑瑞米‧杭特」。

約瑟夫‧熊彼得（1883-1950）生於奧地利，
是美國經濟學家和政治學家，
也在20世紀最具影響力的經濟學家之列。
熊彼得生涯大部分時間都任職於哈佛大學。

寡頭政治（Oligarchy）是由少數人壟斷
權力的政治體制，這些人通常是
社會上最富有的人。

新聞集團（News Corp）是美國的跨國
大眾媒體企業，由生於澳洲的美國億萬富翁
魯柏‧梅鐸（Rupert Murdoch）創立於
1978年，持有世界各地多間報社、
雜誌、電視台的控股權。2014年新聞集團
的主要股份由它的繼承公司拆分。

B

縱使民主理應落實民治、民享的政府，不過對於民選官員到底在多大程度上
代表人民意願——很多人仍感到懷疑。大多數民主國家都有一個共同特徵：
菁英和社會其他成員之間存在著極端的權力不平等。
種種不平等讓人不得不提出這個問題：人民到底還有多少選擇和影響力？
正如經濟理論家約瑟夫‧熊彼得（Joseph Schumpeter）所述：
「民主只不過代表了人民有機會去接受或拒絕統治他們的人。」

在大多數民主國家，政治深受大財團和遊說團體的影響，他們代表龐大
的經濟利益關係，往往會對多數公民造成傷害。2014年，一份具公信力的
研究調查了美國1981至2002年間的公共政策問題，從中發現了代表
商業利益的經濟菁英和相關的組織團體對美國政府的政策有重大的影響力，
至於一般公民和以大眾利益為基礎的團體則幾乎難以發揮個別的影響力。
這個結果顯示：與其說是民主政治，美國其實更傾向寡頭政治。

大財團也在社會上握有資訊流通的主導權。
大部分主流媒體都隸屬規模更大的企業，
這些企業有明確的商業利益取向，而且常會透過
特定的政治新聞框架，來為企業進行宣傳。像是新聞集團
（News Corp）這樣的國際媒體企業就可以左右公眾輿論，
此現象也代表他們對民主國家的政治可發揮莫大影響力。

A

民主的基本原則之一是每個公民都有
競選政治職位的自由，這項權利有助
確保政府不會像貴族政體那樣，
由世襲的菁英階級所壟斷。不過，
有效的競選活動往往所費不貲，
高位階的政治職位更需要雄厚的資金後盾，
候選人才有機會勝出。以2016年美國總統大選
為例，兩位主要候選人希拉蕊・柯林頓
（Hillary Clinton）和唐納・川普（Donald Trump）
在競選活動上的開銷都超過2億5000萬美元。
正因為有效的競選活動需要巨額金錢，
大財團便得以影響民主政治。

不少民主國家的民選官員都是特權階級出身，很難稱得上一般民眾的「代表」。舉例來說，英國前首相大衛·卡麥隆（David Cameron）於2014年的內閣中，有過半數大臣讀的是菁英私立學校，並有一半人過去在牛津或劍橋大學就學。很多人質疑這些大臣是否能真正代表英國百姓，因為他們絕大多數人從未體驗過大部分平民面對的問題。

政治人物的社會經濟背景缺乏多元性只不過是其中一項缺陷。

在全球各地多數民主國家中，為女性在政治場域代議的民意代表依舊不夠多。只有玻利維亞和盧安達兩國的議會有過半數的女性議員。在全球所有國會的議席總數中，女性只占了不到四分之一，而已擔任政治職務的女性更經常面對性別歧視和厭女言行。至於高階政治職位的情況又更不理想，例如美國至今仍尚未選出女總統。

希拉蕊·柯林頓（生於1947年）是美國政治人物，於2009年至2013年任美國國務卿，2001年至2009年任紐約州參議員，也是美國1993年至2001年的第一夫人。柯林頓於2016年的美國總統選舉中獲民主黨提名為參選人。

大衛·卡麥隆（生於1966年）是英國政治人物，2010年至2016年任英國首相，也是保守黨2010年至2016年的黨魁。卡麥隆提出舉行去留歐盟的公投，並在英國投票決定退出歐盟後辭去首相一職。

B

A 川普在2016年美國選舉的造勢活動上花費超過6億美元，柯林頓團隊的支出更接近12億美元。這些鉅資對民主造成負面衝擊，這表示高層政治圈是由菁英主導，政府的代表性更低，也讓大財團和其他金主能在政治上呼風喚雨。
B 2012年10月，澳洲總理朱莉亞·吉拉德（Julia Gillard）發表議會演說，細數反對黨領袖東尼·艾伯特（Tony Abbott）種種性別歧視和厭女言論。「厭女演說」在網路上爆紅，引起對性別歧視的關注。

A

大多數民主國家嚴重的
權力不平等，
其實與世界各地都存在的
懸殊貧富差距息息相關。

貧富之間日益擴大的鴻溝是民主制度有效運作的
最大障礙。不平等在各方面都對民主產生負面影響，
這一點在發展中國家的確早已得到證實。

侍從主義（Clientelism）是指以商品和
服務交換政治上的支持，通常涉及政治
行動者（恩庇者）和公眾（侍從者）
之間不對等的關係，一般認為這是一種
貪腐的形式。侍從主義也會妨礙競爭，
損害民主程序。

不平等陷阱指財富、權力和社會地位的
持續性差距，長久未獲得改善，
而且世世代代承襲，阻礙貧窮階級
向上流動，富有階級向下流動。
經濟、政治和社會結構則更加令情況惡化。

B

A 南非丟赫班的帕布瓦蘇葛隆姆（Papwa Sewgolum）市立高爾夫球場坐落在大片非正式住宅區旁。照片中的貧富差距其實都存在於全球許多國家，更是傷害民主運作的最大因素。公民更因為嚴重不平等，沒有同等的發言權，無法對國家的治理方式表達意見。

B 安哥拉魯安達市貧民窟與現代高樓相鄰的景象，在許多國家已變得屢見不鮮。貧富之間的巨大差異在大多數國家都逐漸擴大，嚴重威脅民主的進展。經濟不平等會導致公共政策傾斜，偏袒社會上的富人，卻對最貧困的人有害。

選舉期間，候選人可能會透過侍從主義吸納選票。
財力較雄厚的團體會運用資源影響政治家去實施偏坦富人的政策。
由於握有較多資源，富人在尚待解決的爭議上占盡優勢，
財力充裕的團體更會設法阻止議題進入討論階段。有時資源較匱乏的團體
會因為自己關注的問題無法列入政治議程，而放棄爭取政治影響力。

> 在各種結構和制度的交互作用下，
> 貧富不均以及權力和影響力的不平等一直懸而未決，
> 也造成了所謂的不平等陷阱。

貧富懸殊的狀況不只對
發展中國家有負面影響。

A   B

在富裕的民主社會，經濟條件的高度不平等和有利於富人——
卻使窮人處於劣勢——的政策結果密不可分，並導致社會排斥的問題。
嚴重不均使不滿的情緒日益加劇，也與民主系統的不穩定息息相關，
而且更是人民參與政治的主要障礙。

當人民認為政治維護的是菁英的利益，就不再
對民主政治抱有任何期待，並感到事不關己。

如第 2 章所述，公民參與不僅是民主系統的基本要素，
對於民主系統的其他元素，
乃至廣義的一般民主運作也至關重要。

深具影響力的政治科學家羅伯特·帕特南 (Robert Putnam) 在
《獨自打保齡：美國社區的衰落與復興》(Bowling Alone，2000) 一書中
就探討了大眾冷漠的問題，論述美國公民對政治的漠不關心
如何導致投票率降低、公眾集會減少，以及各個政黨的黨員人數下跌。

帕特南認為上述種種都是國家社會資本下降的結果。在美國，不但愈來愈少人加入諸如宗教團體和工會等公民組織，普遍來說，親身出席社交活動也不如從前頻繁，這些都進一步侵蝕了社會資本。帕特南指出，電視和網際網路等科技的突飛猛進是主要緣故，因為一般人在閒暇時，相對會花較多時間獨處。

羅伯特·帕特南（生於1941年）是美國政治科學家，於哈佛大學約翰·F·甘迺迪學院任馬爾金公共政策教授，以論述社會資本與民主兩者關係的著作而廣為人知。

社會資本指的是社會中的人際關係網絡。這個網絡奠基於人與人的互利互惠、信任和合作，促使社會有效運作。

公眾對民主政治的冷感
可能會成為助長民粹主義的溫床。

A 2012年，示威者在奈及利亞拉哥斯的加尼法韋米公園（Gani Fawehinmi Park）舉起「去貪污，留補助！」的牌子，抗議總統喬納森政府撤銷燃料補助的決策。

B 拉哥斯2012年遊行抗議汽油價格高漲。很多奈及利亞人認為便宜的燃油是國內石油財富給人民帶來的唯一好處。

C 音樂響起，遠離繁囂。有人認為對民主政治的疏離與科技有關，舉例來說，數位音樂播放器就使人分配更多閒暇時間獨處。

D 帕特南主張團體活動降低致使社會資本減少，以及民主參與度低落。

C

D

富有群眾魅力的領袖能藉由民粹主義這樣的政治形式，
煽動自認被主流政治邊緣化的一群人。反過來說，
自覺受到社會忽視的群體也讓這些領袖有機可乘，
鼓吹「一般大眾」去對抗「體制」。民粹主義所宣揚的
政治形式依賴一般人情感上的衝動，
這種情緒往往源自內心的恐懼、而非理性的辯論或證據。
除了反對政治菁英之外，民粹主義也經常透過
詆毀社會上的少數族群來滋生、壯大自己。
從川普在競選期間發表的言論即可見一斑——
他將美國的墨西哥移民稱為「罪犯」和「強暴犯」，
更承諾要禁止穆斯林進入美國。

民粹主義的危險也凸顯了
民主制度中另一種重要的拉鋸。

A 2015年，時任倫敦市長的鮑里斯‧強森（Boris Johnson）
　騎自行車時遭另一名騎士比中指。
　在民主國家，愈來愈多人對政治人物感到日益不滿。
B 德國杜塞道夫2017年的狂歡節「玫瑰星期一」，
　諷刺的嘉年華花車將美國總統唐納‧川普、法國極右派領袖
　瑪琳‧勒朋（Marine Le Pen）和荷蘭下議院議員海爾特‧
　懷爾德斯（Geert Wilders）喻為阿道夫‧希特勒。

詹姆士‧麥迪遜（1751-1836）
是美國開國元勛之一，
於1809年至1817年間
出任美國總統，是參與草擬
《美國憲法》和《人權法案》
的關鍵人物。

現代化理論探討國家從傳統
社會轉型至現代社會的過程。

西摩‧馬丁‧利普塞特
（1922-2006）是美國政治社會
學家，曾任職於史丹佛大學、
喬治梅森大學和哈佛大學，
被認為是20世紀最權威的
民主理論家之一。

A

B

亞當・普沃斯基
（生於1940年）
是波蘭裔美國政治學家，
目前任紐約大學的
政治學教授，被視為
最重要的民主和
政治經濟理論家之一。

民主奠基在人民擁有社會最終權威的中心思想上，
因此政治必須有公眾的參與。
不過，若國家大多數的人都決定要侵犯社會中
其他人的權利，又或者他們要是都決定支持
視法治為無物的領袖──那會怎麼樣呢？

遠在古雅典民主剛萌芽的時期，體制的批評者就指出：
民主會導致暴民統治。美國總統詹姆士・麥迪遜（James Madison）
更是對民主提出強烈批評，他認為社會上的多數決很可能會
限制個人的自由。民主制度中所設計的制衡措施就是
為了預防這種群體暴政，同時還要限制政府的權力。

現代化理論家如西摩・馬丁・利普塞特
（Seymour Martin Lipset）就認為，幾乎沒有貧窮問題的社會
才能確保大眾不會被有心人士煽動。因此，
民主的存續得靠國家達到一定的富裕水準才行。
亞當・普沃斯基（Adam Przeworski）和他的同事就提出
實質證據支持此論點。他們發現在人均國內生產毛額
高於6055美元的國家（以1985年的美元匯率計算），
民主制度都未曾崩壞。

A

B

民主需要經濟發展到一定程度才得以維持——
這似乎和「經濟發展是由民主促成」
的論點相互矛盾。事實上,
就經濟成長來說,民主是否為最理想的體制,
很多人對此抱著懷疑態度。

如本書第2章所述,民主國家確實避免了
經濟發展中可能出現的最惡劣情況,
但當然也並非完美無缺。亞洲四小龍:
香港、新加坡、南韓和台灣就證明了專制政權
或許更能有效實現經濟發展。
在1950年代至1990年代之間,
這幾個國家或地區的威權政府都透過
對市場密切干預,創造出驚人的經濟成長幅度。

朴正熙(1917年–79年)是南韓政治家
和將軍,從1963年起任南韓總統,
直到他在1979年遇刺身亡為止。

李光耀(1923年–2015年)是新加坡
首任總理,被視為新加坡的建國之父,
1959至1990年間統治新加坡逾30年。

A 1950年代的首爾風景。
　對很多人來說，南韓的轉變是史上
　最成功的經濟發展奇蹟。只不過變化
　發生在獨裁統治時期，而不是
　在民主政府治下，所以有的人認為
　這足以證明專制政府更能落實社會發展。
B 首爾現在的樣貌。南韓現今是全球
　最富有的國家之一。1980年代爆發了
　大規模的抗議示威後，南韓就開始
　行民主制。有的人從南韓的個案來論證
　──民主需要一定程度的經濟發展，
　才有可行性。

南韓堪稱世界上最成功的經濟發展
案例，僅在短短一個世代的時間，
就從世界上最貧窮國家之列，
一躍成為世界上最富有的國家之一。
這樣的轉變都發生在朴正熙威權統治
期間。朴正熙政府實施各種經濟
相關的措施，以推動快速工業化和
出口導向的經濟成長，其中包括
調動資源投資在主要產業上；
資助並貸款給在全球市場上競爭的
國際企業；有策略地運用關稅和匯率，
同時維持低廉的勞工成本──
經常是透過高壓手段來達成。

因此，有不少人──包括前新加坡總理李光耀──
就以亞洲四小龍的經驗當作理據，稱獨裁專政比民主體制
更能帶來經濟成長。這個現象或許有幾個理由可以解釋。

首先，獨裁政府較能將國家資源用於促進經濟成長的生產活動。
民主政府為了要能繼續執政，必須滿足選民的即時需求，
因而被迫迅速運用資源。反觀獨裁政府則不受這類壓力左右、
不需以短期支出來回應民眾，
所以較能針對經濟成長所需，來進行更長遠的投資。

第二，獨裁政府比民主政府有更多自主權，
也就表示足以對抗特殊利益集團，
如大財團、工會或不同的社經階層的人士。

由於不受特殊利益左右，獨裁政權
也不需要為狹隘的集團利益提供服務，
因而更可以推動提升經濟產能的政策。

第三，一般認為民主制度在落實經濟發展的改革上，
成效不如獨裁政府。除了因民主政府需要面對
社會不同群體的壓力（當中可能就有反對改革者），
也由於民主體制的各個組成部分，
如立法程序、制度化的制衡機制，
以及各方利益代表的拉鋸等，
在在讓經濟改革更難快速付諸實踐。

A

A 在許多相對貧窮的國家，例如
　奈及利亞，選舉經常引發暴力衝突。
　有人認為，與選舉相關的權力競爭
　在制度不夠穩健且面臨種族分裂的
　貧窮國家，會導致更多暴力事件。
B 2014年塞拉耶佛的競選海報。
　在種族分裂的國家，例如波士尼亞
　與赫塞哥維納，選舉往往是
　種族之爭：政治黨派選擇
　爭取特定族群的支持，
　而非針對整體大眾。
　不是以某個種族為基礎的政黨
　往往因此在選舉中處於下風。

B

主張專制比民主政府
更能促進經濟發展的論據，
也會涉及範圍更廣、
對民主實際效力的批判。

權力競爭是民主的基本原則，
可令政府承擔責任，
也確保人民能夠選擇
他們的社會
該以什麼方式來治理。

不過這種競爭是一把雙面刃。
過去十年，蒲隆地、肯亞和奈及利亞
都曾經歷過選舉暴力。在某些國家，
例如1993年的剛果共和國，
選舉的不良結果更成為內戰導火線。

權力競爭在較富裕的國家中也可能導致動盪和不穩定，
而且還很容易使人心生不良動機：政治人物會更在乎鞏固權力，
甚於處理社會當下所面臨的問題，這會導致更好鬥、
盲目擁護黨派的政治型態，同時也對民主蓬勃發展所需的政治文化
造成了破壞。議會上的辯論經常淪於博取政治本錢的各方角力，
也就無法為改善人民生活，真誠地商議法律和政策。

不少民主國家都因為鬥爭式政治，而加劇了<mark>政治極化</mark>
的情形——不僅更難推動決策，也造成社會的不穩定。
一般多認為，在美國的體制中，
兩極化和制衡機制是阻礙有效改革的絆腳石。

政治極化
也可能帶來危機。

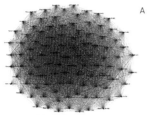

A

101 屆美國國會，1989 年會期

比利時在 2010 和 2011 年間
就處於無政府狀態：
由於政治黨派過於分歧，
最後約用了近兩年時間
才終於達成共識、組成政府。

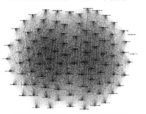

107 屆美國國會，2002 年會期

A 這三張圖呈現美國眾議院政治極化程度益發嚴重
　的情況。圖中顯示：民意代表和所屬政黨中
　其他成員的投票取向愈來愈接近。
B 一對北愛爾蘭夫婦因為拒絕製作帶有支持同性婚姻文字
　的蛋糕，遭法院判定歧視罪名成立。
　不過就如這張迷因所傳達的，很多基督徒都認為
　此裁決侵犯了他們的宗教權和個人自由。

政治極化指的是政治黨派（或群體）對不同議題
的政治取向差距，通常意指政見上的分歧。

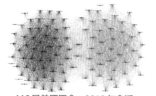

113 屆美國國會，2013 年會期

B

另一個存在已久的擔憂是：
民主是否真能促成秩序和安定。
有人認為民主本身帶有的多元主義，
雖包容各式各樣的信仰、也強調個人權利，
但卻削弱了社會的凝聚力，並加深不滿的情緒。
這個問題有部分源於「權利」的概念
本身就充滿爭議、沒有定論。
一個人的信仰權利可能會和牴觸其他人的權利。

例如在 2014 年，一對經營烘焙店的北愛爾蘭夫婦就拒絕
接受顧客要求，做出飾有支持同性婚姻訊息的蛋糕，
同時表示這樣有違他們的宗教觀。吃了閉門羹的顧客便以遭受歧視
為由提出控告，且最後勝訴。對此，烘焙店上訴而又再度敗訴，
其發言人表示：裁決傷害了「民主自由、宗教自由和言論自由」。
有人或許同意店主夫婦確實歧視顧客，但也有其他人認為
他們應享有自由，可拒絕做違背自己信仰的事。
這類爭議非常棘手，因為無論怎麼判決，
都很難避免讓其中一方覺得自己權利受損。

民主政府常為了顧及國家安全的利益，
而限制個人權利。

有些情況下，民主政府甚至以保衛國家安全為託辭，
犯下嚴重侵犯人權的惡行。其中最明目張膽的例子
發生在第二次世界大戰日本偷襲珍珠港後：
美國政府囚禁日裔美國人。大約有11萬到12萬名
有日本血統的人──約三分之二是美國公民──
在1942至1945年間，因當局認為會構成安全威脅，
而遭到監禁。美國政府多年後所進行的調查
卻找不到所謂威脅的證據，調查結果總結：
當時如此公然違反公民權利，完全是出於種族歧視。

A

B

A 2015年1月9日，
《查理週刊》總部發生
致命攻擊事件後，
在追捕兩名槍擊嫌疑犯的
大規模行動期間，
武裝駐衛警員出現在
艾菲爾鐵塔附近巡邏。

B 澳洲利用諾魯島（Nauru）
的離岸移民拘留中心羈留
乘船抵達的人，此舉遭
強烈譴責嚴重違反移民者
和難民人權。聯合國人權
事務高級專員公署已多次
就人權侵害行為，呼籲
有關當局關閉拘留中心。

C 美國發生多起警察槍殺
手無寸鐵的黑人的槍擊案，
引起廣大關注，並引發
「黑人命也是命」運動。
一名男子在密蘇里州佛格森
抗議2014年8月發生的
米高·布朗命案時高呼：
「舉高手，別開槍」。

c

近日民主國家的反恐怖主義舉措就引起不少顧慮，
有人憂心會導致人民權利受到侵犯。

這些措施包括英國從 2000 年開始實施的
反恐怖主義法：容許在未經起訴的情況下，
無限期拘留涉嫌參與恐怖主義活動的外國國民；
未經起訴的檢控前拘留最長可達 14 日；
未經起訴即可執行各種嚴苛的禁令（如軟禁）；
甚至還禁止了非暴力的政治組織。

民主政府侵犯少數族群權利的例子不勝枚舉。
其中一例是澳洲原住民人口受到歷屆政府的苛待，
直到 2008 年才得到澳洲政府正式的道歉。
另外一個例子是英國將同性戀列為犯罪行為，
直到 2003 年才在全國徹底除罪化。
聯合國則在近期表示深切擔憂民主政府侵犯難民權利的情況。

A

B

很多人對民主國家是否比非民主國家更和平感到懷疑，
這種懷疑也相當合理——為數不少的國際衝突
確實都和民主國家脫不了關係。
即使公眾反對加入戰爭，依然阻止不了這些衝突發生。
某些時候，如2002年美國侵略伊拉克，
政府甚至是舉著促進民主的大旗參戰。

過去數十年來，愈來愈多人開始
擔心全球化會侵蝕民主。
隨著世界各地的連結程度加深，
管治全球經濟的國際組織、
法規和協議也相應激增。

全球化指的是國際間在經濟、政治和文化
方面相互依賴，而且這與國家之間持續
增長的貿易、投資和科技流動密不可分。
雖然不少人認為全球化完全是由科技進步
所帶動，但其實另一個推手是為了
降低上述國際流動壁壘的政治決策。

雙邊投資條約（bilateral investment
treaties，BITs）是國與國之間簽訂的協議，
釐清雙方國家的個人和企業在進行外商
直接投資時，需履行的條款和細則。

這也致使民選政府的權力轉移至全球企業和國際組織。

另外，由於政府特別著重減少貿易、
金融和投資壁壘，因此更加
令人質疑全球化約束了民選政府
所能推行的法律和政策。

雙邊投資條約的不斷增加，
也反映出國際化和民主制之間的緊張關係，
屢屢有國際集團控告民主政府推行不利於投資的政策，
即使這些政策對人民有益。
2007 年，義大利投資公司就控告南非政府的政策阻礙投資，
但該政策其實是要試圖處理種族隔例制度下的經濟不公義。
雖然南非政府後來同意和解，卻自此退出雙邊投資條約，
因為這些條約有礙政府施行有利於社會的政策。

C

D

A 1967 年由湯米・溫格爾（Tomi Ungerer）
所繪的反越戰海報。在左邊畫有英文字「吃」
的爭議性海報中，一隻白人的手對漫畫造型的
亞洲人強迫餵食自由女神像。

B 湯米・溫格爾所繪的「要選擇，不要機會」
（Choice not Chance，1967）中，空軍飛行員
在機身畫上哭泣的越南兒童圖像。公眾
對越戰的強烈反對導致了大量反戰抗議活動。

C 說「不」運動（Oxi movement）是反對希臘
撙節的抗議活動。希臘在 2008 年的全球
金融危機後，又面臨國債危機，很多人認為
國際債權人強迫希臘採取撙節措施，
無視人民投票反對，是全球化侵蝕民主的例證。

D 2012 年史提夫・貝爾所繪的（Steve Bell）
「撙節行不通」卡通插畫。全球金融危機之後，
英國聯合政府實行撙節政策減低國家債務，
卻對社會多數人的生活產生負面影響，
特別是對最弱勢的族群。

經濟學家丹尼・羅德里克（Dani Rodrik）就曾經指出，
民主、國家主權和全球經濟深度一體化（或「超全球化」）是無法相容的；
雖然三項之中的兩項可以共存，卻不可能完全將這三項統統結合起來。
羅德里克把這個論述稱為「世界經濟的不可能三角」。
跨境的貿易和金融交易費用要先免除，才能實踐深度的全球經濟一體化。
不過民族國家就是這類費用存在的主要原因，
所以唯有出現類似全球聯邦民主國家，才可能同時有進一步全球化的體制，
和更加民主的制度，但這在現實上完全不可行。
羅德里克認為，要維持國家的民主體制，全球化的形式就需要受到限制。

全球政治也會在其他方面
損害民主。

第二次世界大戰後，冷戰的地緣政治
導致多個國家的民主政府被獨裁政體所取代，
而且協助推翻民選政府的往往是西方民主國家——

丹尼・羅德里克（生於1957年）
是土耳其經濟學家，在哈佛大學甘迺迪政府學院
擔任國際政治經濟教授。羅德里克
在國際政治經濟、國際經濟和經濟發展的領域
是公認最重要的思想家之一。

國家主權泛指獨立國家只要
有可對社會行使權力並控制
國界內領土的政府，就應有權
不受任何國家的干預而存在。

A

A 1988年，奧古斯圖・皮諾契特
　注視著飛越過埃爾沃斯克（El
　Bosque）的美國製轟炸機。
　美國對皮諾契的智利
　獨裁政府提供相當多的援助。
B 在皮諾契特對阿葉德發動
　政變期間，智利軍隊向
　聖地牙哥的拉莫內達宮開火。
　阿葉德在襲擊中身亡。
C 30年後的拉莫內達宮。
　經過皮諾契特的暴政──
　包括大量違反人權的行為後，
　智利終於在1989年
　恢復民主體制。

B

C

帕特里斯・盧蒙巴（1925-61）
是剛果獨立運動的領袖和
剛果民主共和國的首位
民選總理，在1961年被刺
身亡，比利時和英美兩國
政府皆有參與謀畫。

奧古斯圖・皮諾契特
（1915-2006）是智利政治家
和將軍，在1973年至
1990年期間擔任智利軍政府
領導人，他的獨裁統治
嚴重侵犯人權。

薩爾瓦多・阿葉德（1908-73）
是智利醫師和政治家，
於1970至1973年間出任
智利總統，是拉丁美洲
首位透過民選成為
國家元首的馬克思主義者。

穆罕默德・摩薩台
（1882-1967）是伊朗
1951至1953年的總理，
出任民選政府之首。
摩薩台在國內政變之後
受到關押，直到逝世前
一直遭人軟禁。

尤其是美國，
以便進一步獲取政治和經濟利益。
這些國家的政府給予獨裁者繼續在位
掌權所需的支援，而人民卻得承受
獨裁政權帶來的困苦。因此，
雖然說民主國家之間發動戰爭的機會
微乎其微，卻屢有民主國家支持政變，
顛覆世界上其他國家的民選政府，
甚至對專制的獨裁者提供協助。

1961年，美國中央情報局（CIA）夥同比利時政府，
共謀暗殺剛果民主共和國的首位民選領袖
帕特里斯・盧蒙巴（Patrice Lumumba）。盧蒙巴之死
讓蒙博托・塞塞・塞科的政權得以崛起。
蒙博托更獲得美國政府提供的財務和軍事資助，
因為他曾是對抗共產陣線的盟友。
中央情報局也介入1983年的智利政變，
幫助奧古斯圖・皮諾契特將軍（Augusto Pinochet）
推翻民選總統薩爾瓦多・阿葉德（Salvador Allende）。
另一個例子發生於1953年，伊朗總理穆罕默德・
摩薩台（Mohammad Mosaddegh）推行石油國有化後，
英美兩國便在背地策動政變推翻民選政府，
支持由伊朗沙皇的暴政取而代之。

英迪拉・甘地（1917-84）
是印度政治家，1966至
1977年間出任印度總理，
並再次於1980年當選，
直到1984年遭到暗殺。
甘地是印度首位女總理，
也是世界上第二位
獲選民主國家政府
領導人的女性。

A 1951年摩薩台在英伊石油糾紛期間
　最關鍵的那幾天對群眾發表演說。
B 在美國支持的政變後，
　摩薩台被軟禁至1967年逝世。

C 1975年6月25日。英迪拉・甘地
　在印度電視台的直播上宣布國家進入緊急狀態，
　標誌著印度兩年獨裁統治的開始。

除了外國勢力支持的政變外，
民主制度崩潰的例子也不罕見。歐洲在1930年代，
國內衝突和大蕭條時期的經濟動盪
就讓法西斯政權有機可乘，扼殺了剛萌芽的民主。

印度為期兩年的「緊急狀態」——即1975至1977年的獨裁專政，
則是另一個民主衰落的重要例子，最能說明民主所受的限制
如何導致失敗。印度過去幾年的經濟問題引發反政府示威，
而總理英迪拉・甘地（Indira Gandhi）卻在社會充斥著不滿情緒時，
被裁定違反選舉規則的輕罪。甘地於是宣布國家進入緊急狀態
作為回應，在幾天之內瓦解印度的民主制度，強制施行獨裁統治：
公民的權利遭到剝奪；政治反對派未獲審判權利就遭到監禁；
此外還執行了審查制度。她更取消選舉、取締政黨，
甚至藉由一系列的憲政改革，將權力轉移給總理。

最關鍵的問題是，究竟甘地是怎樣
在既定的民主體制中成功達成她的目的？

其中一個答案是甘地得到國內貧窮的大多數民眾支持。
印度的政治一直無法改善貧苦大眾的生活，
使他們愈來愈心灰意冷。於是甘地成功讓他們相信，
自己是受到政治反對派和國家的民主制度阻礙，
才無法推動具有長遠影響力的改革，以改變人民生活。
甘地也在之前的幾年中不斷破壞國內的民主發展，
包括約束司法的獨立性，將自己的支持者
扶植到政治體制中重要的職位上，以及益發頻繁地
行使行政命令，藉此迴避國會、削弱其角色。

因此，甘地宣布進入「緊急狀態」時，
幾乎沒有任何反對的聲音。

不過「緊急狀態」其實也證明了，即使民主制度不盡完美，卻仍是
目前最有效的政體。甘地政府沒有問責機制，導致所進行的舉措
違反貧民的人權，而這群人正是當初支持她執政的人。
這些施政包括採取暴力手段，將德里貧民窟的居民驅離；
為限制人口增長，強迫較窮困的印度人接受強制絕育等。
隨後引起的公憤使甘地改變主意，再次舉辦選舉，
但也因為她的政府濫權，最後以巨大票數差距敗選。

c

A

過去十年，
全球各地的民主都備受威脅。

民族主義和民粹主義高漲，
有強烈專制傾向的新領導人
紛紛在民主國家崛起，
已逐漸侵害了民主體制的各個方面。
此趨勢最受關注之處是世界上
多個不同地區都出現類似情況，不禁令人擔心：
全球各地的民主是否都在崩解中？

保羅・卡加米
（生於1957年）於2000年
成為盧安達總統。
但自1994年起，他便已被
視為國家的實際領導人。
1994年，卡加米領導的
反叛軍結束了盧安達大屠殺。

約韋里・穆塞維尼
（生於1944年）於1986年
起出任烏干達總統至今，
在推翻伊迪・阿敏（Idi
Amin）和米爾頓・奧博特
（Milton Obote）統治的
叛亂行動中，他擔任
其中一名起義領袖。

羅德里戈・杜特蒂
（生於1945年）是菲律賓
現任總統，於2016年就任。
此前他擔任納卯市市長——
菲律賓在位最久的市長之一，
任期共七屆，超過22年。

B

大家曾經以為會為非洲帶來民主曙光的領導人，如保羅・卡加米（Paul Kagame）、約韋里・穆塞維尼（Yoweri Museveni）等，都對公民自由和政治自由加以箝制。在盧安達、烏干達等許多其他非洲大陸國家，政治反對派也面對種種騷擾和暴力威脅。

羅德里戈・杜特蒂（Rodrigo Duterte）、雷傑普・塔伊普・艾爾多安（Recep Tayyip Erdoğan）和納倫德拉・莫迪（Narendra Modi）等領袖皆以國家安全和鞏固政府執政當作幌子，阻撓民主的發展。諸多民主國家中，藐視法治和個人權利的情況愈趨嚴重，最明目張膽的例子莫過於杜特蒂公開批准法外處決涉嫌毒品交易者。自他2016年6月上任，至2017年3月這段期間，已有逾7000人被警方或義勇警察殺害。莫迪仰賴印度教右翼民族主義運動的聲勢，在印度大選中當選總理。莫迪上任後，便開始打壓政府認定為「反國家」的公民社會組織和大學：公民社會組織不得接受外國資金，而參與反政府示威的學生也遭逮補。此外，莫迪毫不遮掩的印度教民族主義作風也使暴民有恃無恐，將少數族群當作攻擊目標。

A 印度「國民志願服務團」（RSS）是1925年成立的右派印度教民族主義組織，與執政的印度人民黨（Bharatiya Janata Party）關係密切。

B 2016年，民眾聚集於土耳其安卡拉的柯澤賴民主廣場（Kizilay Democracy Square），對7月15日軍事政變未遂一事表達抗議，土耳其國旗和支持艾爾多安的布條在全場飄揚。

雷傑普・塔伊普・艾爾多安（生於1954年）是土耳其現任總統，於2014年就職。在此之前，他曾任2003至2014年間的土耳其總理，並於1994至1998年間出任伊斯坦堡市長。

納倫德拉・莫迪（生於1950年）是現任印度總理，於2014年當選。2001至2014年間曾任古加拉特邦（Gujarat）的首席部長。

A 無國界記者和國際特赦組織的支持者等
社會運動人士，高舉目前於土耳其
受到禁錮的記者照片。在很多國家，
打擊新聞自由往往是通往專制的第一步。

B 2017年德國漢諾威示威期間，
抗議人士在公車玻璃窗貼上宣傳單，
上面印有「自由歸於所有土耳其入獄記者」
等口號，要求釋放德國籍記者
丹尼茲‧尤西爾（Deniz Yücel）。

C 政變失敗後，許多記者和政治異見人士被
關押在土耳其的迪亞巴克爾（Diyarbakir）
監獄，獄中施行酷刑的情況相當常見。

D 普丁和川普分別成為世界兩大強國的領袖，
對很多人而言是民主
正在倒退的最顯著跡象。

弗拉迪米爾‧普丁（生於1952年）
從2012年起擔任俄羅斯總統，
在此總統任期前，曾分別於1999至
2000年，以及2008至2012年間
擔任總理；後又於2000至2008年
任總統。進入政壇前，普丁多年來
都是蘇聯國家安全委員會（KGB）
的外國情報員。

英國脫歐公投在2016年6月23日舉行，
是決定英國應否繼續留在歐盟的公民
投票。結果有52%的選民支持離開
歐盟，48%的選民則希望英國留下來。
此結果使英國開始進行脫歐程序。

民主最顯著的倒退發生在
總統艾爾多安治下的土耳其。

2016年，土耳其發生政變。
政府在政變失敗後宣布國家進入緊急狀態，
數以萬計的政治反對派（包括記者、
學者和民主社會組織的工作人員）
未經審訊就遭監禁。

#make everything
great again

D

土耳其是世界上囚禁最多記者的國家。
2017年，民主監督機構自由之家更因此首度
將土耳其評為「不自由」。

1990年代初蘇聯解體，然而弗拉迪米爾・普丁 (Vladimir Putin)
旋即上台，粉碎俄羅斯實現民主的希望。普丁政府對政治反對派
進行嚴厲鎮壓、打擊獨立新聞媒體，也透過國營媒體阻撓
不同的政見發聲，並持續藐視法治。普丁帶領俄羅斯
重新成為世界強權，躋身國際政治舞台上的主要勢力，
因而贏得國內的支持；同時，也有不少人認為他恰恰助長
威權主義運動在歐洲各地興起。俄羅斯政府也被指干預
2016年美國總統大選，幫助了川普的競選宣傳活動。

歐洲的極右民族主義運動隨著反移民、反穆斯林
情緒日漸高漲，在各地有大幅升溫的趨勢。

即使是歐盟成員國，如奧地利、法國、希臘和荷蘭，
長久以來雖然一直宣揚民主和個人權利，然而
與極右運動有聯繫的政黨卻贏得愈來愈多的選民支持。
英國脫歐公投期間，鼓吹民眾支持英國退出歐盟的
政治宣傳，就源自國族民粹主義以及對移民的恐懼。

芬蘭、捷克、匈牙利和波蘭的右翼政黨從2010年開始得勢。
匈牙利的奧班‧維克多（Viktor Orbán）政府和波蘭的
雅洛斯瓦夫‧卡臣斯基（Jarosław Kaczyński）政府尤為右傾，
不僅限制公眾集會、關閉公民社會活動場地、
更加強對媒體的控制、限制司法獨立性，
甚至有系統地瓦解制度中的制衡機制。
這兩個國家的執政黨藉由在選舉中取勝，
獲得議會的多數席位，實行侵害民主的舉措──
很多人都認為是波蘭和匈牙利民主崩解的導火線。

儘管上述例子足以說明民主堪憂，
對不少人而言，2016年川普當選美國總統
才是民主出現問題的最大徵兆。
美國一直在國際上將自己塑造成
民主和個人主義的堡壘，而確實也有不少人
視美國為世界上最民主的國家。
不過川普勝選卻嚴重破壞此形象。

A

A 很多人認為 2016 年川普當選美國總統一事
暴露了美國民主的弱點。

B 2016 年總統大選前夕，川普揚言要將希拉蕊·柯林頓
「關起來」，而且還得到支持者的認可。

C 川普經常譴責媒體──如有線電視新聞網（CNN）等
──散布「假新聞」，自己卻透過散播不實報導
提高支持率。

**事實上，川普
在競選期間和
上任不久後，
就已經開始
對民主構成威脅。**

B

C

川普的競選活動以極端民粹政治當作號召，不論是煽動
多為白人工人階級的支持者與「腐敗」華盛頓政府之間的對立，
還是妖魔化少數族群，這些均是他的手段：川普承諾
將沿著美國和墨西哥的邊界築牆，更發布穆斯林的旅行禁令。
川普的策略甚至包括恐嚇手段，揚言要把政敵希拉蕊·柯林頓
送進大牢，並對媒體展開各種攻擊。他的競選宣傳
也離不開日漸猖獗的「假新聞」，也就是透過社群媒體
刻意散播不實報導，以提高自己的支持率。
從川普成為總統開始，類似情況就不斷發生，其中一個臭名遠播的
例子是政府把川普就職典禮的出席人數誇大不實地虛報。

奧班·維克多（生於 1963 年）為匈牙利
現任總理，於 2010 年上任，
之前曾於 1998 年至 2002 年第一次
擔任總理職位。奧班在 1980 年代
領導學運動而嶄露頭角。

雅洛斯瓦夫·卡臣斯基（生於 1949 年）
是波蘭政治家，於 2006 至 2007 年間
擔任波蘭總理。他是右翼法律與公正黨的
共同創黨人，目前為該黨黨魁。
不少人將卡臣斯基視為握有實權的領袖。

A 2015年9月，塞爾維亞
—匈牙利邊界一道有護衛
看守的鐵絲柵欄邊聚集著
移民。歐洲的右翼
民粹主義者以敘利亞的
難民危機當作手段，
藉此鞏固自己的地位。

A

川普在成為總統後繼續破壞美國的民主制度，他公開批評法官，
針對司法機構展開攻擊。他對媒體的尖酸謾罵被控助長了
記者所受到的暴力行為。川普還指派家族成員出任政府要職，
並利用本身的總統職位增加個人財富。很多人相信他開除聯邦調查局（FBI）
局長等主要官員是為了個人目的。除此以外，川普和國際上的
獨裁領導者——例如杜特蒂和普丁——交往愈來愈頻繁密切，
卻逐漸疏遠其他民主盟友，例如加拿大、歐盟成員國和南韓。
他更公開質疑並批評這些國家與美國之間的經濟和安全關係。
2017年沙洛斯維（Charlottesville）的示威集會上，一名反對法西斯的
抗議者遭到殺害，但是川普並未馬上譴責白人至上主義和新納粹團體，
令人更加擔心川普是否暗中對法西斯團體提供支援，
這些右翼組織就是因川普當選而益發肆無忌憚。

對不少人而言，特別值得擔憂的是川普
雖然在競選活動中清楚、直接地蔑視民主程序，
但大家仍投票給他——更糟糕的情況是：
選民正是基於這個原因而投票給他。
川普、艾爾多安、莫迪和奧班
無一不是獲得廣大民眾支持，
透過勝選來掌權執政。他們的支持者認為：
有選票背書就是民主正當性的憑據。

B 這張是 2015 年英國
獨立黨的文宣海報。該黨
支持英國脫離歐盟的宣傳
訴諸公眾對大規模移民的
恐懼心理。英國脫歐公投
引發了散播誤導資訊的
民粹式宣傳運動。

B

有的人指出，這些政權代表了一種「非自由」的新型態民主——
也就是奧班等領袖所提倡的觀點。從非自由民主的角度來看，
民主並未受到威脅，遭到否決的只是自由。此論點值得我們
認真思考。當信仰價值和結果有違世界的普世自由觀，
經常就面臨被錯誤標籤為「不民主」的危險。
以英國脫歐公投為例，既然結果是以多數票通過，決定離開歐盟，
又怎會引起大家對民主現況的憂心呢？

> 對於民主的憂慮其實更多來自投票前
> 選舉活動的本質，而非公投結果本身。
> 煽動群眾的政治人物異軍突起，
> 在宣傳期間利用分化和憤怒的言論，
> 來感染選民恐懼、不安和偏見等情緒。

此外，各種公投活動的民粹性質導致民眾接收錯誤資訊，
強烈的情緒因而被挑起，而不再講求證據來理性辯論英國
是否應該脫歐。對政治家和少數族群的妖魔化，
甚至造成英國國會議員喬‧考克斯（Jo Cox）遇刺身亡。
公投結果出爐後，種族歧視的仇恨犯罪也隨之急升，
整體影響便是國家的民主文化遭到破壞。

政治分裂和民粹政治是非自由民主政治領袖的普遍問題。
他們聲稱自己透過選舉獲得權力，所以具有民主正當性，
並以人民代表的姿態，與自由派菁英體制對抗。

接著，這些領袖利用多數主義政治當作策略，削弱抗衡的力量——
媒體、獨立司法部門、人權組織、政治反對派、少數族群，
以及其他意見相左的人——並對他們的權力構成威脅。
前述所有機構都是民主制度中重要的核心要素，由此可見
主張非自由民主的政治領袖不僅是反對自由主義，
而且還會在更廣泛的意義上威脅著民主：
利用選舉的勝利和民眾支持，損害構成民主制的其他主要部分。

不過，全球有愈來愈多
威權傾向的領袖上台，
還有民粹主義日漸擴張的現象
——又該怎麼解釋？

民主所面對的新挑戰，可說是
從千禧年起多重事態的發展所演變而來。

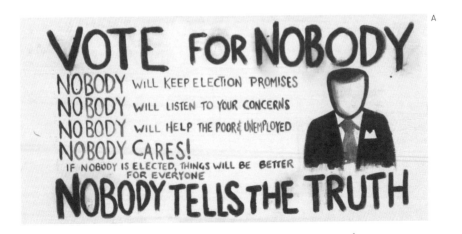

2008年全球金融危機被視為
自1930年代經濟大蕭條以來
最嚴重的國際金融風暴，
起因於美國的次級房屋貸款
市場危機，再加上2008年
投資銀行雷曼兄弟宣布破產，
局面迅速惡化成國際銀行危機，
導致全球經濟衰退。

A 愈來愈多人因為民主並未維護
　公眾利益而感到失望。
　有些人，如美國「誰也不投」
　運動的參與者，便相信
　再也不應該投票才對。
B 這張1932年的阿道夫‧希特勒
　宣傳海報上可見滿臉絕望的
　群眾，以及標語「希特勒──
　我們最後的希望」。
　大蕭條造成的經濟困難，
　是希特勒竄起的主要原因。

B

2008年的全球金融危機，
以及其後對世界各國人民帶來的經濟影響，
都是民主面臨的挑戰最主要的成因。
每逢重大金融危機發生，政治往往會劇烈右傾，
這已是眾所周知的現象。最明顯的例子
是在1930年代華爾街股災後的經濟大蕭條，
當時歐洲的法西斯主義旋即崛起。
這也說明了為什麼最近的金融危機
會引起各方對民主前景的諸多憂慮。

A

B

A 過去十年間經濟困境愈發加劇，
即使是富裕的民主國家
（例如英國和美國）都有較
以往更多的人因為無力負擔
糧食，需要求助於食物銀行。

B 雖然不少人連基本三餐都成
問題，有的人卻可以負擔要價
645英鎊的「金鳳凰」杯子蛋糕。
貧富差距不斷擴大，激起人民
對政治體制更多的不滿。

C 很多人認為米拉諾維奇（Milanović）
近期的作品最能說明近年
民粹主義抬頭的原因。他的研究
顯示雖然從1988年起，中產階級
和勞工階級的實際收入停滯，
甚至下跌，世界上最富有的一群人，
以及亞洲國家人民的收入卻
有所增加。在比較1988年（下圖）
和2011年（上圖）亞洲和西方的
人口構成時，就可看到這種
收入上的轉變：亞洲的絕對貧窮
比例大幅降低，使較富裕階層
的人數上升。然而西方國家
在這方面卻未有進步。

　　面臨強大的反對聲浪，負責應對危機的
大多歐洲和北美政府都紛紛在選舉中落敗下台。
更多地方的人民轉而對政治體制和專業知識大感失望，
而經濟困難和撙節政策更加深了這種無力感，
讓民粹主義得以滋生、蔓延。

這場危機赤裸裸凸顯出全球財富和收入的極度不均，
在金融風暴後情況則更加惡化。樂施會於2016年發表的報告指出：
2010年，約388名億萬富翁所坐擁的財富，相當於全球一半人口的
財富總和，而且不平等更日漸擴大；到了2016年，更只有62人
便掌握了全世界一半的財富。另一方面，在英國和美國等富裕民主國家，
尋求食物銀行幫助的人自2010年起大幅增加，
因為他們連三餐也負擔不了。英國最大的食物銀行網絡
在2016至2017年間就送出了近120萬件緊急包裹；
而在美國大約每七人就有一人（超過450萬人）依賴食物銀行救濟。

全球化的發展除了加劇貧富差距，
其實某種程度也解釋了已開發國家的中產和
勞工階級近幾十年來逐漸反對全球化的原因，
而這也導致了國內民族主義高漲。

布蘭科・米拉諾維奇（Branko Milanović）和他的團隊可說是說明全球化
何以造成經濟不平等的最佳闡釋者，解釋了包括收入不均的成因，
以及有哪些負面衝擊因而產生。他們提出證明：雖然從1998至2008年，
不論是世界上最富裕的人口，還是中國和印度等新興經濟體的中產階級，
在實際收入上都有所提高；但世界最貧窮的一群人以及已開發國家的
中產和勞工階級，卻沒有獲得任何收入成長。事實上，有些人的收入
在這段期間甚至下滑。箇中原因是國際貿易、金融和投資壁壘消失，
加上國家經濟鬆綁使社會上部分族群受惠，但其他人的處境卻每況愈下。
根據米拉諾維奇和他的團隊，相對來說變得較窮的人包括了
英國和美國等已開發經濟體中的較低收入者。對不少人而言，
這個趨勢可能是反全球化，以及在全球多國對民主政治不滿的最大主因。

樂施會（Oxfam）是多個慈善
組織的國際聯盟，主要工作
是緩解全球的貧窮問題。
樂施會成立於1942年，
為救濟饑荒的慈善機構，
是世界公認的主要國際發展
非政府組織之一。

布蘭科・米拉諾維奇

（生於1953年）是塞爾維亞裔
的美國經濟學家，目前是
紐約市立大學的客座教授，
曾任世界銀行研究部門的
首席經濟學家，被視為
全球不平等領域的權威學者。

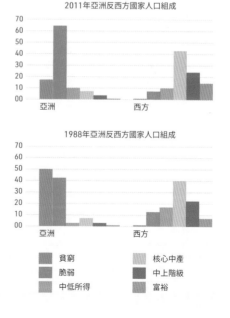

2011年亞洲反西方國家人口組成

1988年亞洲反西方國家人口組成

貧窮	核心中產
脆弱	中上階級
中低所得	富裕

C

有證據顯示，金融危機後政治右傾的情況會逐漸趨緩。
不過，有人擔心2008年全球金融危機所引起的經濟衝擊，
預示了民主的未來正在更大的威脅籠罩之下。
第二次世界大戰後，民主之所以在歐洲和北美蓬勃發展，
是因為公民從中得到了有效經濟保障。
不過對很多人來說，這種保障不再絕對、可靠——
這一點已日漸明朗，也因而令目前的民主岌岌可危。

此外，民主國家所面臨的安全威脅持續增加，也成了威權強人領袖紛紛出現的主因。

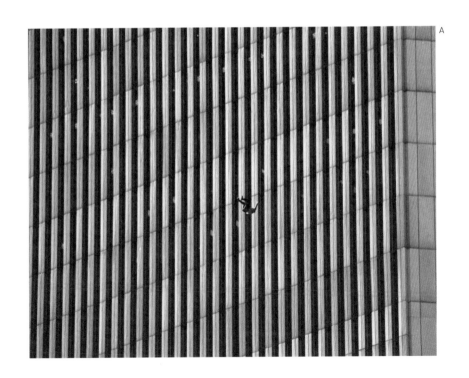

A

B

九一一恐怖攻擊是2001年9月在美國
發生的一連串有組織恐怖攻擊計畫。
攻擊是由伊斯蘭極端主義恐怖組織蓋達
（Al-Qaeda）所執行，恐怖分子駕駛
兩架飛機，撞向紐約的世界貿易中心雙子塔，
約有3000人在襲擊中身亡，並有數千人受傷。

A 九一一襲擊最廣為流傳的影像之一，
　是這張在災難時從世界貿易中心北塔墜樓
　的男子照片。
B「我是查理」（'Je suis Charlie'）是對2015年
　《查理周刊》恐怖攻擊受害者表示聲援的標語，
　也用來聲援隨後發生的數次恐攻事件受害者。

美國紐約市世界貿易中心的九一一恐怖攻擊
改變了國際安全的本質。
九一一事件後多年來，中東的衝突和動盪持續升溫，
對西方民主有深遠影響。過去幾年，
比利時、法國、德國、瑞典、英國和美國
都遭受與伊斯蘭極端主義相關的恐怖襲擊，
而且愈來愈多起攻擊是由本土恐怖分子所發動。

接二連三的恐怖攻擊造成恐懼升溫，
世界各地的民主政府因而開始實施各種
反恐措施，但卻嚴重損害個人權利。

九一一恐怖攻擊事件後，美國通過《愛國者法案》，
內容包括加強國家監控、無限期拘留移民的許可，以及
授予執法人員權力在住戶不知情下，搜查住宅及公司等條文。
更廣泛的意義下，反恐措施讓政府可對人民進行大規模監控，
甚至在某些情況中動用酷刑。川普更提出要在美國執行
「穆斯林登記」。此提議特別駭人聽聞，不僅是因為嚴重
違反人權——以宗教信仰為由，差別對待特定族群；
更是因為登記機制與納粹德國對猶太人所實施的規定
如出一轍，這也是納粹迫害猶太人初期所採取的手法之一。

前文曾討論到，從 2001 年開始，由於大眾對安全的憂慮日益加深，
歐洲極右團體也因此獲得更多支持，利用大眾對恐怖攻擊的恐懼，
合理化由威權強人領袖掌權的需要，拒絕落實維護人權的政治理念，
更將敘利亞衝突引致的難民危機與恐怖主義的興起連結在一起。
在英國、法國、德國等國家，右翼團體提倡對移民應加以控管，
都是源自反伊斯蘭論調。這方面在美國等其他國家也明顯可見，
川普所提出的「穆斯林禁令」，
就是針對多個大部分人口為穆斯林的國家實施入境限制。

A 2007 年密西根州迪爾伯恩市，美國
　伊斯蘭中心的什葉派清真寺遭反穆斯林
　塗鴉破壞。川普在競選活動上操弄
　並加深了支持者對穆斯林的偏見。
B 九一一襲擊後，對於穆斯林的刻板
　印象和偏見都更加劇惡化，因為美國
　和歐洲的民粹領袖都利用這一點
　來提高自己的民意支持度。
C 圖中的宣傳品來自一場社會運動，
　目的是要民眾有意識地注意到伊斯蘭
　恐懼症的存在，並與它對抗。
　極右團體利用高漲的伊斯蘭恐懼症，
　力求更多的威權領袖、加強移民管制，
　以及反對保障人權。

C

大數據是指數量非常龐大的資料，
經過處理資料的現代軟體計算分析後，
可反映出與人類行為和人際互動
尤其相關的模式與趨勢。

奧班和川普等威權領袖為了實行
保障多數人安全的強硬措施，
不惜無視民主程序——包括法治
和對人權的尊重——在恐懼的氛圍下
奠定得勢的基礎。

新科技的惡意使用也成為
民主面臨的另一大難題。

最初大家對網際網路和社群媒體獲普遍使用
都感到非常樂觀，認為這樣不僅有助於鞏固民主，
還可藉由科技改善民主的運作方式，
包括讓資訊更流通、增加表達意見，
以及與其他公民交流的機會，
另外也能提高市民和政府之間互動的可能。

可惜事與願違，科技反而被用來損害民主程序。
不論是隨意散播民粹訊息和不實報導，
或是使用大數據操縱潛在選民，
都令人日益擔憂社群媒體恐會助長右翼民粹勢力。

剑橋分析公司（Cambridge Analytica）是專門進行資料分析
和策略性溝通的科技公司，曾與川普競選團隊
及英國去留歐盟公投中的脫歐陣營合作。
劍橋分析從 Facebook 等社交媒體平台收集了
數以百萬計選民的大量資料，聲稱用於提供詳細的心理側寫，
以便進一步了解人民的情緒和信仰。
他們更表示曾藉由針對個別對象來發送「專屬」訊息，
以此操弄選民意向。很多人認為此情況已顯示：
有史以來最有效的宣傳機器正在劫持民主。

電腦的駭客攻擊問題在世界各國的選舉中也日趨嚴重。
駭客會入侵候選人的個人資料和電子郵件，
並將取得的資訊向大眾公布，意圖影響選舉結果。
2016 年美國總統選舉期間，
候選人希拉蕊的電子郵件就遭到外洩，
一般多指控俄羅斯政府涉及此次的電腦入侵。
該事件令人格外擔心民主是否因外國勢力的干預而脫序。

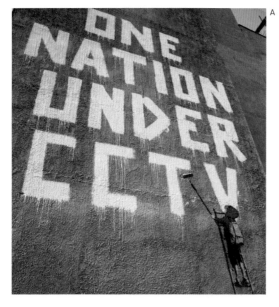
A

A 塗鴉藝術家班克斯（Banksy）
　所創作的街頭藝術強調了 2008 年
　英國的嚴密監控有多極端。
　愈來愈多人將反恐當作增加民主
　國家擴大監控規模的正當理由。
　然而廣泛的監控不僅違反人民的
　民主自由和基本權利，
　還會侵犯公民的隱私，
　給予政府不受制約的更大權力。
B 班克斯的這件作品同樣凸顯了
　2008 年無所不在的監視攝影機。
　2016 年英國政府通過法案，賦予
　情報機關龐大的監控權力，包括
　竊取資料和入侵電腦系統，
　但公眾對此卻沒有什麼反應。
　威權主義在境內崛起的民主國家
　採用這樣的監控系統特別令人
　憂慮，因為這就像是把政治壓迫
　的工具交到獨裁者手上。

B

特別值得擔心的是，據信參與共謀網路戰
的國家——如中國和俄羅斯——
都積極支持新威權主義的壯大。

針對使用大數據操控選民，以及入侵並公開政治候選人個人資料
的調查已在進行。不過目前民主制度中的制衡機制是否足以應對
這種新興威脅，仍然是未知之數。2017年法國選舉期間，
選舉當局就曾告誡媒體和網際網路的使用者，凡文件來源是衝著
艾曼紐·馬克宏 (Emmanuel Macron) 的政治宣傳而發動的駭客攻擊，
一旦對外發布就會遭起訴（因為此舉違反選舉日24小時內
不得進行報導的法例）。這項警告似乎發揮了作用——
最後沒有任何人公布非法取得的文件。但如果未來要繼續保持
選舉的自由和公正，制度上顯然需要更多有力的對策才行。

艾曼紐·馬克宏（生於1977年）
是現任法國總統，於2017年當選，
之前曾任法國經濟、工業及數位科技部長。

「世界價值觀調查」是一項自1981年起推動的全球研究計畫，在近100個國家進行具代表性的全國調查，藉以理解受訪者的信仰和價值觀，及其隨著時間而出現的變化。

A

民主現今面臨的最大挑戰
很可能是公民普遍對政治的淡漠，
以及參與意願的低落。

2017年，羅伯托・史提芬・佛亞（Roberto Stefan Foa）和亞斯查・蒙克（Yascha Mounk）就北美、西歐、澳洲和紐西蘭人民對民主的態度做了一份影響力十足的研究。他們發現在這些推行民主制的國家，人民對民主這種政治制度的價值已趨於無感和犬儒，對於自己能否影響公共政策，也愈來愈不抱希望。根據「世界價值觀調查」所進行的研究資料，年輕人對民主特別不滿：他們較不支持言論自由、更熱衷於政治激進主義、較不反對軍事政變，且較不認為公民權利不可或缺。與之前的世代相比，年輕人也不認為選舉有這麼重要。

人民對政治愈來愈冷感的趨勢令人擔心。
民主的存續少不了公民對民主價值的信任，
以及對民主程序的參與。

問責制度能夠防止民主國家的領袖濫權，
因為公民能清楚知道領袖的所作所為，一旦有任何違反
民主體制中規則和程序的情況發生，選民便會用選票讓官員下台。
正如印度曾經的「緊急狀態」所帶給我們的啟示，
一旦人民感覺民主程序成了良性改變的障礙，
領袖就能輕易瓦解民主中的各種制度。

有人認為民主漸漸失去民心支持，
是由於大家已習慣非常穩定的民主狀態，
因此把民主視為理所當然。雖然這可能是
部分原因，但是若將它認定為民主參與度
下降的唯一因素，這樣想就錯了。
有鑑於多數人益發缺乏經濟安全感，
對於全球的現行制度會心生不滿確實合乎情理。

面對這種情況，我們應採取的回應是深化民主，
而不是任其自生自滅。

B

A 2014年美國紐約市曼哈頓
的「不投票亭」。視覺藝術
學院產品設計學系
（Products of Design）的
學生希望藉由設置這個
小亭，達成一種選舉日的
藝術介入方式，以此了解
年輕人不投票的原因，
並改善選民政治冷漠的問題。
B 人民對目前民主狀態的不滿
與日俱增，政治示威中
「404錯誤」的標誌就是用來
表達對民主政治的幻滅感。

結論

A   B   C

自2008年發生了全球金融危機，
民主在世界各地都面臨多項重大挑戰。
但本書前面幾章也提到，
民主從最初就一直遭遇無數困境。

民主之路始終顛簸曲折，正好表示現在就說民主走不下去還言之過早。

當然，這不代表2008年以來民主所受的
威脅並不嚴重，又或者沒有迫切需要
去回應這些威脅——當然有必要。

A 謝帕德・費爾雷（Shepard Fairey）
透過設計「我們人民」（We the People）
系列海報，對川普的就職表示抗議。
海報繪有美國的少數族裔人士，
以此回應川普對少數族群的妖魔化。

B 這些海報——其中一張印有穿戴美國
國旗希賈布的穆斯林女士——
強調美國共同的人道博愛和多元價值，
並試圖對抗右翼國族主義。

C 「我們人民」系列海報取名自
《美國憲法》開頭第一句，以鼓勵人民
維護《美國憲法》所推崇的價值。

D 2017年孟加拉卡（Dhaka）的
比哈爾人抗議被集體驅逐迫遷。
這些難民說烏爾都語，
家鄉是在現代的印度和巴基斯坦，
一直以來都遭受嚴重歧視。

其實很多地方已開始採取類似的應對手段。從2016年
美國總統大選以來，和平示威遊行的次數急遽上升，
目的是要與第4章描述的集權主義抗衡。
反川普的女性大遊行成為美國歷史上最大規模的一場，
而世界各地都陸續湧現這樣的集會遊行。波蘭和印度等國家
也有示威抗議，訴求保護法治和少數族群。對於民主管治
遭到的破壞，這種公民社會行動可發揮反制的力量，
作用非常重要。正如我們所見，民主的核心就是公民參與。

雖然有跡象顯示，推廣非自由政治的民粹團體數量驟升，
但以歐洲來說，情況已受到一定程度約束。
在川普上任後的各個選舉中，縱使民粹政黨試圖削弱民主程序，
但政治光譜上的不同黨派面對這般威脅時，也都加以抵抗。
不過重要的是，我們不應輕易將牽制力量的出現，
當成民主國家已恢復正常運作的跡象。
民主在各個方面都受到局限，需要妥善應對，
才能稱得上真正的成功。

我們需要改變
對民主本質的認知。

主流看法似乎仍認為民主只不過關乎社會上多數人的偏好和意願。選舉和公眾傾向固然是民主運作方式的根基，但制度的其他部分也同樣重要——

不論是保障社會上每個人的基本人權，
還是由獨立司法及新聞自由所支持的法治，
都有其重要性。此外，
確保社會上的每個人——無論他們的觀點
是什麼——有機會參與政治和公民生活，
也是民主制度另一個必不可少的要件。

A《高富帥俱樂部》是一部2014年上映的電影，關於牛津大學歷史悠久的飲酒菁英社團——成員自恃為享樂主義者，且政治人脈雄厚。不少人認為電影取材自真實世界中的「布林頓學會」（Bullingdon Club）。

B 理查·畢林漢（Richard Billingham）所拍攝的「無題」（1996）是《雷的笑》系列作品之一，捕捉了攝影師的雙親伊莉莎白和雷的日常生活。這系列照片顯示了兩人因為雷的酗酒而陷入窮困潦倒。

A

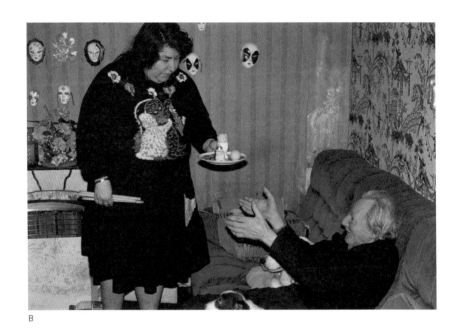

B

本書中所討論到民主面對的威脅，
來自於利用民主體制本身的
一部分──即大眾支持──來破壞其他部分。
因此我們對民主的認識不該再局限於單一面向，
而要認清支撐民主體制的不同根基，
並了解到這些基礎都一樣重要。

處理財富、收入和機會的鴻溝是當務之急。這些持續擴大
的不平等正是民主面臨危機的主因。民主要能繼續走下去，
就必須解決社會上每個人的需要，特別是處境最困難的人。
因此，優先要務無疑是改善較低收入人士的生活水準。
而最重要的是，不能讓社會上的富人劫持民主，
同時要確保對政府權力的約束，
不會變相被利用來阻礙改變、導致各個族群無法從中受惠。

民主至今依然是帶來上述改變的最佳政體。
因此我們必須深化和加強民主程序，
才能避免民主遭到摒棄。
從2008年金融危機後民主所受到的威脅可見，
民主在社會上許多層面都並未深耕。
要鞏固民主的基礎，必須投入更大的努力，
才有助確保民主程序能持續改善。

力求民主體制更臻完善本身就是民主的核心。
阿勒克西・德・托克維爾在19世紀寫了一本極具影響力的書，
內容雖然關於民主在美國如何成功發展，
但當時的人其實仍擁有奴隸，而女人也沒有政治權，
這一點值得深思。事實上，該書出版時，美國還要再過30年
才會廢除奴隸制度；女人在50年後才爭取到普選權；
而保證每個美國人享有投票權的《選舉法案》，
更是1965年──也就是100年以後的事。
最後能夠達成這些改變，都是社會戮力以赴、奮鬥來的結果。

正由於民主給予我們空間和機會去處理社會整體
所面對的問題，因此才會是最有效的政體。

A 帕利科特運動（Palikot Movement）
的議員手執面具，抗議波蘭政府
在2012年簽署反仿冒貿易協定。
不少波蘭人認為，協定會增加
網路上的言論審查。蓋伊・福克斯
（Guy Fawkes）面具
已成為政治抗議的象徵。
B 身穿波卡的婦女參與坎大哈2009年
的投票。投票站在阿富汗有史以來
第二次的總統選舉中開放。
因為塔利班揚言要擾亂投票，
選舉期間的保安戒備森嚴。
C 蒙面的伊拉克婦女以染上墨水的
手指比出勝利手勢，表示她們
參與了美軍撤出伊拉克後的
首次議會選舉（2014年）。

B

C

在整個民主的歷史中，人民攜手合作
推動社會變革，透過民主程序達成改變。
而民主也藉著個人自由、持續的繁榮、
和平和尊嚴帶來了更多福祉。
不過，我們仍有一條漫長的路要走，
未來可能也會繼續面對安全上的威脅、經濟困難，
以及因氣候變遷而引致的各種問題。

我們需要健全的民主制度
才能面對這些挑戰。

延伸閱讀

戴倫・艾塞默魯、詹姆斯・羅賓森，《國家為什麼會失敗：權力、富裕與貧困的根源》（衛城出版，2013）

漢娜・鄂蘭，《極權主義的起源》（左岸文化，2009）

Bitar, Sergio, and Lowenthal, Abraham F., *Democratic Transitions: Conversations with World Leaders* (Baltimore: John Hopkins University Press, 2015)

Bose, Sumantra, *Transforming India: Challenges to the World's Largest Democracy* (Cambridge, MA: Harvard University Press, 2013)

傑森・布倫南，《反民主：選票失能、理性失調，反思最神聖制度的狂亂與神話！》（聯經，2018）

Cheeseman, Nic, *Democracy in Africa: Successes, Failures and the Struggle for Political Reform* (Cambridge: Cambridge University Press, 2015)

諾姆・杭士基和艾華・S・赫曼，《製造共識》（簡中版；北京大學出版社，2011）

Collier, Ruth Berins, *Paths toward Democracy: The Working Class and Elites in Western Europe and South America* (Cambridge: Cambridge University Press, 1999)

羅伯・達爾，《民主及其批判》（韋伯文化，2006）

阿勒克西・德・托克維爾，《民主在美國》（左岸文化，2005）

賴瑞・戴蒙，《改變人心的民主精神》（天下文化，2009）

弗朗茲・法農，《大地上的受苦者》（心靈工坊，2009）

法蘭西斯・福山，《歷史之終結與最後一人》（時報出版，1993）

Grayling, A.C., *Democracy and Its Crisis* (London: Oneworld, 2017)

Hay, Colin, *Why We Hate Politics* (Cambridge: Polity, 2007)

佛烈德利赫・海耶克，《到奴役之路》（國立臺灣大學出版中心，2009）

Haynes, Jeff, *Democracy in the Developing World: Africa, Asia, Latin America and the Middle East* (Cambridge: Polity, 2001)

戴維・赫爾德，《民主的模式》（桂冠，1995）

林・亨特，《人權的發明：一部歷史》（簡中版；商務印書館，2011）

塞繆爾・杭廷頓，《第三波：二十世紀末的民主化浪潮》（五南，2019）

Jones, Owen, *The Establishment: And How They Get Away With It* (London: Penguin Books, 2014)

納爾遜・曼德拉，《勇者曼德拉自傳：漫漫自由路》（簡中版；廣西師範大學出版社，2010）

Mansbridge, Jane J., *Beyond Adversary Democracy* (Chicago: University of Chicago Press, 1980)

Milanovic, Branko, *The Haves and the Have-Nots: A Brief and Idiosyncratic History of Global Inequality* (New York: Basic Books, 2011)

巴林頓·摩爾，《民主與獨裁的社會起源》（遠流，1995）

Mounk, Yascha, *The People vs. Democracy: Why Our Freedom is in Danger and How to Save It* (Cambridge: Harvard University Press, 2018)

道格拉斯·C·諾思、約翰·約瑟·沃利斯和貝瑞·溫加斯特，《暴力與社會秩序》（簡中版；上海格致，2013）

瑪莎·努斯鮑姆，《功利教育批判：為什麼民主需要人文教育》（簡中版；新華，2017）

Phillips, Anne, *Engendering Democracy* (Philadelphia: Pennsylvania University Press, 1991)

柏拉圖，《理想國》（華志文化，2018）

Przeworski, Adam, Alvarez, Michael E., Cheibub, José Antonio and Limongi, Fernando, *Democracy and Development: Political Institutions and Well-Being in the World, 1950-1990* (Cambridge: Cambridge University Press, 2000)

羅伯特·D.帕特南，《獨自打保齡：美國社區的衰落與復興》（簡中版；北京大學出版社，2011）

Rice, Condoleezza, *Democracy: Stories from the Long Road to Freedom* (New York: Twelve, 2017)

丹尼·羅德里克，《全球化矛盾：民主與世界經濟的未來》（衛城出版，2016）

Roy, Arundhati, *Field Notes on Democracy: Listening to Grasshoppers* (Chicago: Haymarket Books, 2009)

熊彼特，《資本主義、社會主義與民主》（左岸文化，2003）

Sharp, Gene, *From Dictatorship to Democracy: A Conceptual Framework for Liberation* (Boston: The Albert Einstein Institute, 1994)

阿馬蒂亞·森，《經濟發展與自由》（先覺，2001）

Skocpol, Theda, *Diminished Democracy: From Membership to Management in American Civic Life* (Norman: University of Oklahoma Press, 2003)

查爾斯·提利，《民主》（簡中版；上海人民出版社，2015）

Varoufakis, Yanis, *And the Weak Suffer What They Must? Europe's Crisis and America's Economic Future* (London: The Bodley Head, 2016)

West, Cornel, *Democracy Matters: Winning the Fight Against Imperialism* (New York: Penguin Books, 2004)

法理德·札卡瑞亞，《自由的未來》（聯經，2005）

圖片出處

出版社方(Thames & Hudson)已竭力找出並釐清書中圖片及其他素材的版權出處。惟如有疏漏或誤植,作者與出版者在此致歉;未來會於再版或改版時修正。

a＝上　b＝下
c＝中　l＝左　r＝右

2 Tim Stubbings / Alamy Stock Photo
4-5 Liu Xingzhe / VCG via Getty Images
6-7 Photos 12 Archive / Diomedia
8 a Popperfoto / Getty Images
8 b Everett Collection Inc / Alamy Stock Photo
9 Bettmann / Getty Images
10 Jonas Gratzer / LightRocket via Getty Images
11 Liu Xingzhe / VCG via Getty Images
12 Library of Congress, Washington, D.C.
13 Library of Congress, Washington, D.C.
14 Otto Herschan / Getty Images
15 Paula Bronstein / Getty Images
16-17 Musée du Louvre, Paris
18 Beinecke Rare Book & Manuscript Library, Yale University
19 Musée d'Orsay, Paris
20 Beinecke Rare Book & Manuscript Library, Yale University
21 Courtesy Ahmed Kathrada Foundation. Photo Herb Shore
22 l Universal Images Group / Diomedia
22 r Aristotelis Sarrikostas
23 Palazzo Madama, Rome

24 Piers Howell / Alamy Stock Photo
25 l From *Oscar II En Lefvandsteckning*, Andreas Hasselgren, 1908, Stockholm
25 r Stockholm Stadtmuseet
26 British Library, London
27 British Library, London
28 Ian Dagnall / Alamy Stock Photo
29 l Private collection
29 r State Hermitage, St Petersburg
30 Musée Carnavalet, Paris
31 SuperStock RM / Diomedia
32 VintageCorner / Alamy Stock Photo
33 Classic Image / Alamy Stock Photo
34 Archive Pics / Alamy Stock Photo
35 Keystone / Hulton Archive / Getty Images
36 Private collection
37 Popperfoto / Getty Images
38 Pictorial Press Ltd / Alamy Stock Photo
39 a Keystone / Getty Images
39 bl, bc Pictorial Press Ltd / Alamy Stock Photo
39 br Everett Collection Historical / Alamy Stock Photo
40 NARA / Franklin D. Roosevelt Library (NLFDR), New York
41 Mark Kauffman / The LIFE Picture Collection / Getty Images
42 akg-images / GandhiServe e.K.
43 a Popperfoto / Getty Images
43 b Universal Images Group / Diomedia

44 Elliott Erwitt / Magnum
45 AFP / Getty Images
46 l Chris Niedenthal / The LIFE Images Collection / Getty Images
46 r Wojtek Laski / East News / Getty Images
47 Aizar Raldes / AFP / Getty Images
48 Denis Farrell / AP / Rex / Shutterstock
49 al Jonathan Rashad / Getty Images
49 ar Mosa'ab Elshamy / Getty Images
49 bl Mohammed Abed / AFP / Getty Images
49 br Claudia Wiens / Alamy Stock Photo
50-51 Charles Platiau / Reuters
54 l Heritage Image Partnership Ltd / Alamy Stock Photo
54 r Private collection
55 l Courtesy William F. and Harriet Fast Scott Soviet Military and Cold War Collection, University of Kentucky Libraries, Lexington
55 r Private collection
56 l, ar Shiv Kiran / Fseven Photographers
56 br STR / AFP / Getty Images
57 Alberto Tamargo / Getty Images
58 Banaras Khan / AFP / Getty Images
59 Geoff Wilkinson / Rex / Shutterstock
60 l, r Amnesty International
61 World Wide Views. Photo Lamiot
62 Colin Davey / Getty Images

63 Lee Bob Black
64 l, r *International New York Times*
65 a Keystone / Getty Images
65 b © Philip Wolmuth
67 Giorgio Cosulich / Getty Images
68 Bettmann / Getty Images
69 a Blank Archives / Getty Images
69 b John Bryson / The LIFE Images Collection / Getty Images
70 Bettmann / Getty Images
71 Daniel Arnerius / Alamy Stock Photo
72 l Private collection
72 c Design by Leslie Holland
72 r Granger Historical Picture Archive / Alamy Stock Photo
73 Robert Preston Photography / Alamy Stock Photo
74 a, b Courtesy of the author
75 a John Wessels / AFP / Getty Images
75 b Gwenn Dubourthoumieu
76 Zuma Press / Diomedia
77 Express / Getty Images
78 Régis Bossu / Sygma via Getty Images
79 Filippo Minelli
80-81 eflon
82 Democracy Spring, democracyspring.org
83 Peter Macdiarmid / Getty Images
85 Australian Broadcasting Corporation, abc.net.au
86 Johnny Miller / Unequal Scenes
87 Matteo de Mayda
88 l, r Pius Utomi / AFP / Getty Images
90 Ben Pruchnie / Getty

Images
91 Lukas Schulze / Getty Images
92-93 a Private collection
92-93 b Johnx85dt
94 Akintunde Akinleye / Reuters
95 Dado Ruvic / Reuters
96 Renzo Lucioni
98 a Dan Kitwood / Getty Images
98 b Mick Tsikas / EPA / Rex / Shutterstock
99 Xinhua News Agency / Rex / Shutterstock
100 l, r Illustrations by Tomi Ungerer, from *Tomi Ungerer: Poster* © 1994 Diogenes Verlag AG Zurich, Switzerland. All rights reserved
101 b Steve Bell
102 Marco Ugarte / AFP / Getty Images
103 l, r AFP / Getty Images
104 l Bettmann / Getty Images
104 r Private collection
106-107 Spencer Platt / Getty Images
108 Aijaz Rahi / Rex / Shutterstock
109 Adem Altan / AFP / Getty Images
110 a Sean Gallup / Getty Images
110 c Alexander Koerner / Getty Images
110 b Diyarbakir Prison, Turkey
111 Mural by Mindaugus Bonanu
112 Rhona Wise / AFP / Getty Images
114 Darko Dozet / EPA / Rex / Shutterstock
115 UK Independence Party
117 Everett Collection Inc / Alamy Stock Photo
118 a Justin Sullivan / Getty Images

118 b Bloomsbury's, Abu Dhabi, ilovebloomsburys.com
120 Sipa Press / Rex / Shutterstock
122 a Bill Pugliano / Getty Images
122 Ground Zero mosque protest, New York
123 Council on American-Islamic Relations, cair.com
124 chrisdorney / Shutterstock
125 Coaster / Alamy Stock Photo
126 Courtesy School of Visual Arts Products of Design Department, New York
127 Courtesy www.barneteye. blogspot.com
128-129 Chuck Fishman / Getty Images
130 l, c, r *We The People* by Shepard Fairey for AMPLIFIER. ORG
131 Rafiquar Rahman / Reuters
132 Publicity still, *The Riot Club* (2014), dir. Lone Scherfig
133 Richard Billingham, *Untitled*, 1996. Colour photograph mounted on aluminium, 105 x 158 cm, RGRB1066. Courtesy Anthony Reynolds Gallery, London. © the artist
134 East News / Rex / Shutterstock
135 a Banaras Khan / AFP / Getty Images
135 b Sabah Arar / AFP / Getty Images

年表

公元前1772年	巴比倫《漢摩拉比法典》將「以眼還眼」訂立為法律原則。
公元前594年	經過一段時間的公民動亂後,梭倫奠定了雅典的民主基礎。
約公元850年	斯堪地那維亞建立了「庭」和「阿爾庭」(管治議會)。
公元1215年	英格蘭的約翰國王簽訂《大憲章》。
約公元1250年	法國在路易九世的統治下成為第一個設立長期議會的王國。
公元1265年	首個代議制議會在英格蘭成立。
公元1294年	首個民主會議在什威茲舉行,是瑞士行政區劃的前身。
公元1620年	《五月花號公約》載明美國政府將以多數決原則為根據。
公元1776年	北美洲多個殖民地宣布脫離英國獨立。
公元1788年	美國各州承認《美利堅合眾國憲法》。
公元1789年	法國三級會議在1614年後首次召開。
公元1789年	法國通過《人權和公民權宣言》。
公元1791年	杜桑·盧維杜爾領導海地革命,建立了自由的共和國。
公元1821年	西蒙·玻利瓦在委內瑞拉領導革命。
公元1822年	厄瓜多在安東尼奧·何塞·蘇克雷所領導的革命下, 脫離西班牙宣布獨立。
公元1830年	比利時宣布脫離荷蘭聯合王國獨立。
公元1848年	歐洲多個地區發生革命,包括法國、德意志聯邦、丹麥和匈牙利。
公元1852年	拿破崙·波拿巴在法國人民承認下成為皇帝。
公元1914-1918年	歐洲的緊張局勢引發第一次世界大戰。
公元1933年	阿道夫·希特勒獲委任為德國總理。
公元1939年	佛朗哥將軍在西班牙建立軍事獨裁政府。
公元1946年	日本在第二次世界大戰後實行新憲法。
公元1948年	聯合國《世界人權宣言》通過。
公元1948年	以色列成為中東第一個完全民主的國家。
公元1950年	印度脫離英國獨立後,建立民主共和國。
公元1964年	美國通過民權法案。
公元1972年	美國因水門事件醜聞導致憲政危機。
公元1978年	佛朗哥將軍在1975年逝世後,新西班牙憲法實施。
公元1989年	中國的天安門廣場舉行民主改革的示威集會。
公元1989年	柏林圍牆倒塌。
公元1993年	《馬斯垂克條約》建立了歐洲聯盟。
公元1994年	南非通過的新憲法標誌了種族隔離的結束。
公元2011年	阿拉伯之春期間,多個阿拉伯國家的民眾訴求民主權利。
公元2016年	英國公民投票脫離歐盟。
公元2017年	唐納·川普正式就任美國總統。

致謝

作者要感謝Jacob F. Field、David Hudson、Lucas Leemann、Slava J.、Mikhaylov、Nicola Chelotti、Lior Erez、Patricia Hardwicke、Nick Watts、Tristan de Lancey、Jane Laing、Becky Gee、Rose Blackett-Ord、Sunita、Gibson、Jo Walton和Phoebe Lindsley為本書提出寶貴的建議和意見回饋。作者將這本書獻給母親Aruna、兄弟Tejus；也以此書懷念父親Padam。

臉譜書房 FS0113
洋蔥式閱讀！當代關鍵議題系列

票票等值合理嗎？
民主選舉造就了
社會對話還是內耗？
參與公民社會必讀的
民主基礎知識

作　　者　尼赫爾‧達桑迪（Niheer Dasandi）
系列主編　馬修‧泰勒（Matthew Taylor）
譯　　者　王湘俐
編輯總監　劉麗真
責任編輯　許舒涵
行銷企劃　陳彩玉、陳紫晴、薛綸
排　　版　黃暐鵬

發 行 人　涂玉雲
總 經 理　陳逸瑛

出　　版

臉譜出版
台北市中山區 104 民生東路二段 141 號 5 樓
電話：886-2-25007696　傳真：886-2-25001592

發　　行

英屬蓋曼群島商家庭傳媒股份有限公司城邦分公司
台北市中山區民生東路二段 141 號 11 樓
客服服務專線：886-2-25007718；2500-7719
24 小時傳真專線：886-2-25001990；25001991
服務時間：週一至週五上午 09:30-12:00；下午 13:30-17:00
畫撥帳號：19863813；戶名：書虫股份有限公司
城邦花園網址：http://www.cite.com.tw
讀者服務信箱：service@readingclub.com.tw

香港發行所

城邦（香港）出版集團有限公司
香港灣仔駱克道 193 號東超商業中心 1 樓
電話：（852）2508-6231　傳真：（852）2578-9337

馬新發行所

城邦（馬新）出版集團【Cite(M) Sdn. Bhd. (458372U)】
41-1, Jalan Radin Anum, Bandar Baru Sri Petaling,
57000 Kuala Lumpur, Malaysia.
讀者服務信箱：services@cite.com.my

Published by arrangement with Thames & Hudson Ltd,
London, Is Democracy Failing? © 2018
Thames & Hudson Ltd, London
General Editor: Matthew Taylor
Text by Niheer Dasandi
This edition first published in Taiwan in 2020
by Faces Publications, Taipei
Complex Chinese edition © 2020 Faces Publications

印　　刷　漾格科技股份有限公司
初版一刷　2020 年 4 月

ISBN　978-986-235-824-5
定　　價　新台幣 320 元

洋蔥式閱讀！當代關鍵議題系列：
票票等值合理嗎？民主選舉造就了社會對話還是內耗？
參與公民社會必讀的民主基礎知識／
尼赫爾‧達桑迪（Niheer Dasandi）、馬修‧泰勒（Matthew Taylor）著；
王湘俐譯. －一版. －臺北市：臉譜，城邦文化出版：
家庭傳媒城邦分公司發行, 2020.04
　　面；公分. －（臉譜書房 113）
譯自：Is Democracy Failing? A primer for the 21st century
ISBN 978-986-235-824-5(平裝)
1.民主政治
571.6　　　　　109003071